U0451513

朱永新教育文集

童年与教育
朱永新对话蒙台梭利

朱永新 编著

商务印书馆
The Commercial Press

图书在版编目(CIP)数据

童年与教育：朱永新对话蒙台梭利/朱永新编著.—北京：商务印书馆，2022（2023.2 重印）
（朱永新教育文集）
ISBN 978-7-100-21685-2

Ⅰ.①童… Ⅱ.①朱… Ⅲ.①儿童教育—家庭教育—文集 Ⅳ.① G782-53

中国版本图书馆 CIP 数据核字（2022）第 172911 号

权利保留，侵权必究。

朱永新教育文集

童年与教育

朱永新对话蒙台梭利

朱永新 编著

商 务 印 书 馆 出 版
（北京王府井大街36号 邮政编码100710）
商 务 印 书 馆 发 行
北京顶佳世纪印刷有限公司印刷
ISBN 978-7-100-21685-2

2022 年 10 月第 1 版　　开本 880×1230　1/32
2023 年 2 月北京第 2 次印刷　印张 12½

定价：60.00 元

序言

作为第一个读者,非常开心能够对朱老师新作《童年与教育——朱永新对话蒙台梭利》先睹为快。

开卷有益。一开始阅读,读到朱老师对蒙台梭利其人的中肯定位。当读到"玛丽亚·蒙台梭利是研究儿童与家庭教育绕不过去的一座山峰……",一股热流由心而起。这就是朱老师眼中的蒙台梭利,这也就是我和万千儿童教育工作者眼中的如"高山仰止"般的蒙台梭利。20世纪是"儿童的世纪",而蒙台梭利是20世纪这个儿童世纪的代表——她开启的这个儿童的世纪,是研究"童年的秘密"的世纪,是基于"童年的秘密"研究并建设"儿童之家"的世纪,是在"儿童之家"里持续研究儿童并运用"蒙台梭利教育法"进行新教育实验的世纪……原来,朱老师带我们又一次仰望了蒙台梭利这座绕不过去、必须直面、必须仰望的山峰,阅读了"横看成岭侧成峰,远近高低各不同"的一派"童年与教育"的神奇风光……

急览目录。目录读下来,读出朱老师对蒙台梭利教育的系统架构。当读出对蒙台梭利儿童观和教育观的全面、系统和深入的把握,敬佩之情油然而生。这就是朱老师心中的蒙台梭利,这也就是我和万千儿童教育工作者心中的"理性如山""感性如水"的蒙台梭利教育的全貌。蒙台梭利的教育理念、教育目标、教育内容、教育方法、教育观察等透过朱老师的整体架构全面呈现且直击本来面目,朱老师设计的一个个生动直观、直击心灵又意蕴绵长的小标题好像就一定要带我们进入蒙台梭利童年探秘和教育寻方的深处。"教育是实现世界重建的最好方法""孩子是培养民族性格的突破口""儿童是传播文明火种的工具""必须创造一个童年的世界""儿童可以解决成人不能解决的问题""童年是人类生命的基地""孩子是'正在进行式'""婴儿把自己建构成'人'""兴趣才能保持专注"。原来,朱老师带我们又一次领略了蒙台梭利和蒙台梭利教育法的全息影像和趣动细节,体悟了"仁者乐山,智者乐水"的大仁大智、仁智并存的一套"童年与教育"的神奇影像……

再品内文。"对话"品起来,品出朱老师对蒙台梭利胸怀和情怀的真情诠释。内文品起来以后,就深深被吸引、打动,真的就读进去了,真的就手不释卷了……很快就进入到了沉浸其中的心流状态,进入到了好似久违了的读书人的内心美好着的惬意状态。"蒙台梭利的教育早已超越了国家、种族、民族、宗教的差异,成为了联合国教科文组织收录的宝贵遗产和广泛向世界各国推广使用的教育和教学方法,被誉为推动世界教育发展和促进人才培养的瑰宝。""虽然蒙台梭利已经走进了儿童的世界,发现并解读了这个世界的部分瑰丽风景,但是,这也只是冰山一角,让我们沿着她的足迹,继续努力走进儿童的世界吧。""儿童具有各种未被了解的能力,这些能力能引导我们走向一个绚丽多彩的未来。如果我们确实想要一个新世界,那么,我们就必须依靠儿童,必须让教育把儿童这些潜在的可能性发展成为显性的能力。"原来,朱老师带我们又一次认知了蒙台梭利和蒙台梭利教育法的深厚底蕴和"文武双全"——蒙台梭利有着作为科学家出身的教育家的世界担当、家国情怀、理性深刻、阳光进取,还有着作为教育家角色的女性科学家的知性大爱、孜孜以求、生动有趣和娓娓道来……

想写的东西很多……想来，我对这本书如此有感和热爱，绝非无缘无故——世界上没有无缘无故的有感和热爱。也许，是因为，我一直受教于蒙台梭利博士——尽管她时而浮出心田带我探索童年的秘密，时而远在天边引我寻觅启蒙的方案……也许，是因为，朱老师再次指引我受教于蒙台梭利——尽管他时而近在咫尺指点我童年探秘的旅程，时而远在高台启迪我启蒙耕耘的长征……也许，不，不是也许，而是一定，是因为，于我而言，蒙台梭利博士和朱老师有那么多共同的对我的"师者说"——我以前并未意识到，今天，他们共同的对我的"师者说"又通过这本书《童年与教育——朱永新对话蒙台梭利》触及、触碰和触动了我的灵魂深处。他们二人跨越百年、连接东西又聚焦"童年与教育"这个于人、于家、于国重如千钧又历久弥新的话题上，通过"朱永新对话蒙台梭利"这样穿越时空隧道、碰撞多元文化的交流方式，重现他们共同的对学前教育研究者责任的唤醒和启迪……

朱老师通过对话蒙台梭利的方式，与新时代合拍又实现对新时代新教育的启迪。朱老师特别重视蒙台梭利教育形成的社会文化背景并凸显了蒙台梭利教育的价值取向或教育目的观——通过儿童教育培养一代新人以构建和平的社会和世界。在我看来，朱老师也是这样的人，他认为儿童教育、家庭教育对于个体、家庭、社会、国家具有重要意义，教育可以重构家庭、奠基国家和重建世界。朱老师一直以多种身份如教育家、政治家、社会活动家为儿童教育奔走呼号，以多种方式如调查研究、讲座讲学、参政议政为儿童教育探路寻方……朱老师特别重视蒙台梭利留下的具体实施方法——通过儿童适宜的学习路径和探究方法让儿童爱上学习并实现有益有效的学习。在我看来，朱老师也是这样的人，他认为成人最重要的任务就是学会理解儿童，并为儿童准备一个适合其生活的环境，以使儿童"开始显露出他的非凡特质——人格中更高级、更纯粹的人类倾向"。与蒙台梭利何其相似，朱老师正是具世界眼光和家国情怀的教育家、政治家和社会活动家，更是具童心童趣的"大小孩""孩子王"和"孩子王中王"；与蒙台梭利何其相似，朱老师的新教育实验从相当意义上就是在理解儿童和尊重儿童的基础上推进儿童教育事业扎根中国大地的新教育行动。也正是在这个意义上，于我，朱永新先生，他是朱主席，他是朱常委，他是朱教授，他更是朱老师。

儿童是实现国家复兴的终极力量，教育是实现世界重建的最好方法。朱老师这本《童年与教育——朱永新对话蒙台梭利》带领我们了解和持续了解儿童具有的各种已被我们了解和等待我们了解的各种内在力量和外显方式，引导我们走近和持续走近教育具有的各种唤醒、陪伴、支持儿童的一般策略和具体策略。我们确实进入了一个新时代，我们确实想要一个具有国家立场、儿童立场和教育立场的新世界，那么，我们就必须像朱老师所说所做的那样，尊重儿童、理解儿童并依靠儿童，让教育把儿童潜在的精神胚胎发展成为显性的生命力，奠基"蒙以养正圣功也"的伟大的中国高质量儿童教育事业。

北京师范大学　霍力岩

2022 年 1 月 30 日

目 录

导言 蒙台梭利的童年教育思想 ·················· 1
 第一节 蒙台梭利教育思想历程 ·················· 1
 第二节 童年教育理论的精髓 ····················· 8
 第三节 童年教育思想的价值 ···················· 22

第一章 儿童在世界重建中的作用 ················ 27
 教育是实现世界重建的最好方法 ················ 29
 教育必须从人诞生之日开始 ···················· 30
 重建教育是重建社会的基础 ···················· 31
 教育界就像一座孤岛 ·························· 32
 孩子是培养民族性格的突破口 ·················· 33
 儿童是传播文明火种的工具 ···················· 34
 有关孩子的记载是一片空白 ···················· 35
 儿童不是等待填充的瓶子 ······················ 36
 我充其量只是孩子的代言人 ···················· 37
 尊重和了解儿童是首要原则 ···················· 38
 儿童拥有一种未知的力量 ······················ 40
 儿童的精神决定人类进步的进程 ················ 41

应该关心儿童的现在 …………………………………… 42
幼儿教育是最关键的一环 ……………………………… 43
帮助每个孩子充分地发挥潜力 ………………………… 44
儿童的需求并非只是身体的需求 ……………………… 45
学校应该能让孩子们安心 ……………………………… 46
教育不应该让人变得轻信 ……………………………… 47
发现和解放儿童是新教育的基本目的 ………………… 48
人本身才是教育的中心 ………………………………… 49
为儿童准备一个适合其生活的环境 …………………… 50
儿童自身隐藏着一种生气勃勃的秘密 ………………… 51
受物质奴役的小孩会深感自卑 ………………………… 52
让孩子学会克服困难 …………………………………… 53
人类生命的第一页仍然是空白的 ……………………… 54
快乐不是教育的唯一目标 ……………………………… 55
帮助生命是第一个原则 ………………………………… 56
儿童是爱的源泉 ………………………………………… 57
把美的东西都汇集在学校 ……………………………… 58
童年构成了人一生中最重要的部分 …………………… 59
鼓励孩子们学会与人相处 ……………………………… 60
每个人都站在同一起跑线上 …………………………… 61
尊重生命发展的规律 …………………………………… 62
教育必须认识和理解人 ………………………………… 63
好课程传递现代文明 …………………………………… 64
第一步就是唤醒孩子 …………………………………… 65

第二章　人生最重要的时期是 0—6 岁 …………………… 67

　　人生最重要的时期是 0—6 岁 ……………………………… 69
　　人类的所有东西都是在儿童阶段形成的 ………………… 70
　　不能够剥夺儿童必要的生活经验 ………………………… 71
　　6 岁以前极为关键 ………………………………………… 72
　　婴儿大脑富有极大的创造力 ……………………………… 73
　　儿童 1 岁半是教育的转折点 ……………………………… 74
　　三年可能决定一生 ………………………………………… 75
　　3—6 岁是儿童"建设性完善"的时期 …………………… 76
　　3—6 岁是性格发展的关键时期 …………………………… 77
　　婴儿时期的负面经历将会伴随一生 ……………………… 78
　　不要让孩子"生而痛苦" ………………………………… 79
　　幼年智力发展初期显露出光辉 …………………………… 80
　　守护儿童纯洁的心灵 ……………………………………… 81
　　婴儿能捕捉最细微的发音 ………………………………… 82
　　3 岁是儿童发展的重要分水岭 …………………………… 83
　　高等教育不能去除婴儿时期形成的东西 ………………… 84
　　柔弱无助的婴儿是一个谜 ………………………………… 85
　　生命的最初两年最重要 …………………………………… 86
　　婴儿遭遇的不良经历会影响一生 ………………………… 87
　　6 岁是最重要的一个时期 ………………………………… 88

第三章　成长是一个神奇的过程 ……………………………… 89

　　成长是一个非常神奇的过程 ……………………………… 91

"有吸收力的心灵"……………………………………92
儿童终将长大成人…………………………………93
儿童的创造力和潜能一直没有被人们重视………94
儿童能够适应任何环境……………………………95
人的内在发展依然是一个谜………………………96
新生儿的心灵是我们无法了解的神秘世界………97
新的生命有着神秘的本能…………………………98
儿童拥有巨大的能量………………………………99
儿童的内心世界丰富而成熟………………………100
成人的完美取决于儿时的努力……………………101
胎儿像长途跋涉的朝圣者一样来到人世…………103
儿童是世界上最伟大的模仿家……………………104
孩子们正在进行创造人的劳动……………………105
人类最先发展的是心理……………………………106
儿童运用自己的天赋吸取周围的知识……………107
重视儿童的"精神胚胎"时期……………………108
人的制造过程比较缓慢……………………………109
孩子无法停止吸收和活动…………………………110
儿童学习语言的"星云"…………………………111
儿童看待世界的方式与成人不同…………………112
与朋友进行谈话时应该让孩子待在旁边…………113
应该将儿童的行走视为一种探索…………………114
错误会在进程中纠正………………………………115
爱的力量存在于每个人的心里……………………116

儿童有异常敏锐的观察力 ································ 117
故意捣蛋是表达愤怒与反抗 ···························· 118
儿童是人类历史上的"空白页" ······················ 119
儿童是成人制造出来的 ·································· 120
孩子渴望成人的陪伴 ····································· 121

第四章　必须创造一个童年的世界 ···················· 123
必须创造一个童年的世界 ······························· 125
无知地对待儿童比无知地对待成人更可怕 ········· 126
让孩子生活在简单的社会里 ··························· 127
不要强迫孩子 ·· 128
单单模仿或强迫服从没有用 ··························· 129
儿童是置身强权下的弱势群体 ························ 130
让我们做奇迹的旁观者吧 ······························ 131
创造一个满足儿童心理需求的世界 ·················· 132
精神成长也必须从外部环境汲取养料 ··············· 133
没有人考虑到孩子的现在 ······························ 134
建立一个保护儿童的庇护所 ··························· 135
环境应该与孩子的性情相适合 ························ 136
不要扮演一个看守员的角色 ··························· 137
让婴儿以宁静、愉快和不懈努力的状态发展 ······ 138
让儿童拥有真正属于他们的地方 ····················· 139
儿童可以解决成人不能解决的问题 ·················· 140
孩子是"正在进行式" ··································· 141

不要强迫儿童放弃自己的愿望和行动 …………… 142
孩子需要自己的家和田园 ……………………… 143
正确满足儿童的需要 …………………………… 144
让孩子参与我们的生活 ………………………… 145
我不喜欢让孩子复制东西 ……………………… 146
世界和孩子开了一个玩笑 ……………………… 147
给儿童创造一个相称的环境 …………………… 148
儿童环境创设的基本原则 ……………………… 149
童年是人类生命的基地 ………………………… 150
环境可以有利于也可以阻碍生命的发展 ……… 151
儿童渴望丰富多彩、富有吸引力的环境 ……… 152
为儿童设置一种特殊的环境 …………………… 153
教具不能太多或太少 …………………………… 154
学校应成为儿童可以自由生活的地方 ………… 155
"心理"教室比"生理"教室大两倍 …………… 156

第五章 儿童必须自己塑造自己 …………………… 157
儿童必须自己塑造自己 ………………………… 159
婴儿把自己建构成"人" ……………………… 160
儿童的性格不是成人教出来的 ………………… 161
儿童会唤起我们的崇拜 ………………………… 162
儿童创造自己的未来 …………………………… 163
教育儿童不能违背自然规律 …………………… 164
尽量把所有的事情留给自然 …………………… 165

老师是学习环境的管理者与维护者 …………… 166
不要直接告诉孩子如何解决问题 ……………… 167
不要凭一时冲动帮助孩子 ……………………… 168
孩子能够不断地进行自我纠正 ………………… 169
克制自己想要帮助儿童的冲动 ………………… 170
人类的第一个老师是儿童本人 ………………… 171
内在的驱动力推动成长 ………………………… 172
给儿童自己做事的机会 ………………………… 173
儿童独立性的发展如离弦之箭 ………………… 174
儿童的凝聚力 …………………………………… 175
生命本身会表现它自己 ………………………… 176
人通过运动表现出自己的工作 ………………… 177
孩子内心有一个"老师" ……………………… 178
为孩子每一点新的进步高兴 …………………… 179
婴儿的第一本能就是拒绝帮助 ………………… 180
语言点燃了儿童的创造力 ……………………… 181
儿童能很快适应时代的文明程度 ……………… 182
人最基本的权利就是自我"培养"的权利 …… 183
我们怎样给予儿童自由？ ……………………… 184
儿童拥有一种积极的精神生活 ………………… 185
儿童是在遵循自然的法则行事 ………………… 186
独立可以使儿童快速地发展 …………………… 187
独立自发学习工作 ……………………………… 188
一切都会在儿童的脑子里盘桓酝酿 …………… 189

通过行为的方式了解儿童……190
老师不是孩子贴身的仆人……191
孩子应通过自发教育而具有预见能力……192
"大"保护"小"和"小"尊重"大"……193
成长是一种从无到有的创造……194
靠自己的能力克服困难……195
人类是永远处于可塑性的童年状态的生物……196
培养儿童独立的个性……197
两种不同的心理状态……198
自然的"秩序"形式……199
成人经常犯的错误……200
克服成人对儿童的偏见……201
老师的悠闲是成功的表征……202
老师对孩子应有不可动摇的信心……203
让儿童自我纠正训练……204
跟孩子保持一定的距离……205
怎样才算对孩子好？……206
尊重孩子正在进行的合理活动……207

第六章　生命只有通过活动才能趋于完美……209
生命只有通过活动才能趋于完美……211
儿童发展中的里程碑……212
给儿童提供一个适当的环境……213
独立是自由的前提……214

让儿童在活动中认识不足……………………………………215
　　让孩子有更大的活动空间……………………………………216
　　孩子们积极塑造自己的个性…………………………………217
　　学会观察与等待………………………………………………218
　　让孩子按照他们的喜好和方式活动…………………………219
　　帮助儿童自己行动……………………………………………220
　　应把握时机让孩子吸收文化…………………………………221
　　首先要了解生命发展的规律…………………………………222
　　运动没有章法是小孩子的特征………………………………223
　　唤醒孩子的精神活动…………………………………………224
　　儿童希望成人陪伴在旁………………………………………225
　　如何成为一名真正的"教师"…………………………………226
　　手是大脑的朋友………………………………………………227
　　让儿童进行有趣味的活动……………………………………228
　　让孩子们缓慢而坚定地完成…………………………………229
　　让孩子走进大自然……………………………………………230
　　尊重孩子的"工作本能"………………………………………231
　　精力充沛是儿童的特征………………………………………233

第七章　把爱还给儿童……………………………………235
　　最亲近的人最可能造成危害…………………………………237
　　成为孩子世界的一部分………………………………………238
　　孩子内心世界的钥匙…………………………………………239
　　不要以盛气凌人的方式对待儿童……………………………240

强权取得的胜利不能让孩子信服……………………241
"饥饿"的大脑是许多问题的根源…………………242
孩子其实不需要睡太长的时间………………………243
心甘情愿地当好儿童的配角…………………………244
孩子的问题都是成人造成的…………………………245
儿童问题上的偏见……………………………………246
困难在于偏见…………………………………………247
让孩子在学校里少一些痛苦…………………………248
不要任意地强迫孩子学习……………………………250
成人要正视并改正错误………………………………251
父母的使命……………………………………………252
母爱是种大自然的力量………………………………253
儿童用他的方式爱着父母……………………………254
儿童不信任成人………………………………………255
要注意观察儿童………………………………………256
我们的利己主义隐藏在对待孩子的错误里…………257
对儿童的需要保持高度敏感…………………………258
父母是孩子模仿学习的榜样…………………………259
不容忍孩子犯的所有错误……………………………260
社会对于家庭教育的责任……………………………261
儿童会反抗自以为是的帮助…………………………262
母亲和孩子之间存在着一条特殊的纽带……………263
父母之爱不需要任何理由……………………………264

儿童受成人的影响 ………………………………………… 265
人一出生就被捆绑起来沦为奴隶 ……………………… 266
不必在孩子面前扮演完美无缺的人 …………………… 267

第八章　小心翼翼地呵护儿童纯真敏感的心灵 ……… 269

小心翼翼地呵护儿童的心灵 …………………………… 271
精神病可能起源于婴儿期 ……………………………… 272
不要让儿童的灵魂受到误解 …………………………… 273
请放开孩子 ……………………………………………… 274
关注儿童纯洁的内在心灵火花 ………………………… 275
把握好儿童教育的平衡点 ……………………………… 276
儿童对外界影响十分敏感 ……………………………… 277
不能把儿童包围在谎言里 ……………………………… 278
压抑会导致儿童情绪失调 ……………………………… 279
尊重儿童的精神冲动 …………………………………… 280
应该满足儿童的合理需求 ……………………………… 281
进行创造的人应该是孩子 ……………………………… 282
学会等待 ………………………………………………… 283
担任观察者的角色 ……………………………………… 284
不要打击儿童的积极性 ………………………………… 285
健康的身体源于快乐的精神 …………………………… 286
依据儿童发展的自然规律让他们有发展的可能性 …… 287
不要揠苗助长 …………………………………………… 288
大脑的两种重要能力 …………………………………… 290

消除儿童的"出生恐惧"……………………………………291
纪律性是后天形成的……………………………………292
关注儿童的智力和道德…………………………………293
优秀品质往往深藏在儿童心里…………………………294
培养孩子们对大自然的感情……………………………295
孩子应观察生活中的自然现象…………………………296
练习使孩子们的精神得到发展…………………………297
孩子的心中有一个财富小屋……………………………298
好奇心是激发科学研究的动力…………………………299
孩子的道德力量…………………………………………300
奖品会消磨神志、伤害智力……………………………301
防止孩子的"权力欲"……………………………………302
不要让孩子的发展受挫…………………………………304
为孩子们提供内心生活所必需的东西…………………305
孩子的恐惧和说谎是被迫的……………………………306
不要折断孩子准备飞翔的翅膀…………………………307
孩子故意淘气是表达愤怒和反抗………………………308
防止孩子自卑……………………………………………309
防止孩子恐惧……………………………………………311
孩子的说谎有其自己的意义和重要性…………………313
经由心理保健恢复健康…………………………………314
引导儿童超越现实的利益………………………………315
心智具有相当敏感性……………………………………316

人对心灵食物的需求甚于物质的食物 …………………… 317
帮助孩子避免再犯错误 ………………………………… 318
道德的饥饿与精神的疾病 ……………………………… 319

第九章 抓住学生珍贵的专注时刻 ……………………… **321**

察觉学生珍贵的专注时刻 ……………………………… 323
把握儿童的注意力 ……………………………………… 324
兴趣才能保持专注 ……………………………………… 325
不要打断孩子的发现游戏 ……………………………… 326
引发孩子的学习兴趣 …………………………………… 327
孩子越专心就越能守纪律 ……………………………… 328
儿童的专注力会产生韧性 ……………………………… 329
让儿童听些恬静、优雅的乐曲 ………………………… 330
让儿童学会专注 ………………………………………… 331
埋首工作的儿童拥有秘密世界 ………………………… 332
集中儿童的注意力 ……………………………………… 333
让我们的孩子能够自由地专心 ………………………… 334
听力具有特殊的重要性 ………………………………… 335
不能让儿童胡乱发泄精力 ……………………………… 336
关注儿童大脑的精确性 ………………………………… 337
让儿童得到一种理性的快乐 …………………………… 338
意志力影响儿童才能发挥 ……………………………… 339
自我学习是人最基本的权利 …………………………… 340
孩子需要的绝不仅仅是食物 …………………………… 341

让儿童做完自己的事情 ……………………………… 342
儿童乐于集中注意力 ……………………………… 343
让孩子学会"沉思" ………………………………… 344
创造，其实是一种组合 …………………………… 345
富于想象力的创造离不开现实 …………………… 346

第十章　阅读与书写是开启人类智慧宝库的钥匙 …… 347

吸收性心智是人类的神奇天赋 …………………… 349
阅读与书写是开启知识宝库的钥匙 ……………… 350
通过阅读学习阅读 ………………………………… 351
儿童如何学会语言 ………………………………… 352
读与写是学习的基础 ……………………………… 353
重视书写语言和数字 ……………………………… 354
每个人都有自己的想象力 ………………………… 355
婴儿是在人的环境中成长的 ……………………… 356
儿童有一颗可以吸收知识的心灵 ………………… 357
动作是儿童学习的另一项重要内容 ……………… 358
不要让刚学会说话的孩子保持沉默 ……………… 359
2—7岁是学习语言的关键期 ……………………… 360
唱歌是锻炼准确发音的好方法 …………………… 361
孩子能同时学习几种语言 ………………………… 362
语言的缺陷和不完善的原因 ……………………… 363
让儿童从绘画到书写 ……………………………… 364
字母的发明改变了人类本身 ……………………… 365

活动字母是很听话的工具 …………………………………………… 366
书写为孩子打开新世界的门 …………………………………… 367

主题索引 ……………………………………………………………… 368
参考文献 ……………………………………………………………… 369
后记 …………………………………………………………………… 375

导言　蒙台梭利的童年教育思想

玛丽亚·蒙台梭利（Maria Montessori）是研究儿童与家庭教育绕不过去的一座山峰。她被誉为在世界"幼儿教育史上，自福禄贝尔以来影响最大的一人"，是20世纪享誉全球的幼儿教育家。蒙台梭利因她的"儿童之家"实践和理论被世人誉为"儿童世纪的代表"[1]。蒙台梭利在1914年出版的《蒙台梭利博士手册》中这样写道："我也反对自己被推崇为本世纪最具影响力的教育家，事实上，我所从事的只不过是研究儿童，搜集并发表他们所提供给我的信息，这就是蒙台梭利教学法，我充其量只是儿童的代言人。"[2]蒙台梭利无论是作为儿童的代言人，还是她开创的幼儿教育思想，都在教育史上具有重要的地位，在当今幼儿教育中也有着广泛的影响。

第一节　蒙台梭利教育思想历程

一、蒙台梭利与蒙台梭利教育思想的历程

从某种程度上来说，蒙台梭利教育思想的发展历程就是玛丽亚·蒙台梭利个人的成长与发展史。纵观蒙台梭利的一生，她的原

---

[1] 单中惠:《蒙台梭利三大幼教经典的核心要义、主要特色和世界影响》,《中国教育科学》（中英文），2019年第2期。

[2] 〔意〕玛丽亚·蒙台梭利著，肖咏捷译:《蒙台梭利儿童教育手册》，中国发展出版社，2011年，第12页。

生家庭及童年养育，为其致力于成为"儿童的代言人"奠定了人性的基础，同时也为蒙台梭利教育思想的儿童观孕育了肥沃的土壤。蒙台梭利的求学之路为其聚焦幼儿教育、扎根幼儿教育的研究与探索夯实了学识基础，同时也为其教育思想提供了坚实的理论基础。

（一）出生和求学阶段（1870—1895）

1870年8月31日，蒙台梭利出生于意大利安科纳地区的一个军人家庭。她的父亲是一位思想保守的贵族后裔，母亲是位虔诚的天主教徒，善良温婉。作为独生女，父母对她虽然很宠爱，但却并不溺爱，非常注重对她的教育。蒙台梭利从小便能关怀别人，养成了自律、博爱、独立、坚韧的个性，也表现出了强烈的自尊心。学业上，13岁的蒙台梭利选择了数学，进入了米开朗基罗技术学校学习，成绩优异。这为蒙台梭利的理论之一"发展数学心智是培养抽象思维的思想来源"打下了坚实的基础。16岁中学毕业后，蒙台梭利进入达·芬奇工业技术学院就读，用四年时间学习了自然科学和现代语言，这又为蒙台梭利以后发展语言以及自然科学的教学方法奠定了良好的基础。20岁，蒙台梭利从达·芬奇工业技术学院毕业，因对生物学产生兴趣，她于1890年进入罗马大学学习生物。生物学的学习激发了蒙台梭利探索和理解人类发展的好奇心，于是对医学产生了浓厚的兴趣。女性学医在当时保守的欧洲社会里，可以说是一个违反世俗的举动。蒙台梭利因而受到了社会的非议和家人的强烈反对，她的父亲甚至中断了对她经济上的资助。然而，这些未能阻止蒙台梭利对医学的追求，她凭着自己不屈不挠的意志和努力，突破了教育制度的限制，终于获准研读医学。但是学医的道路并没有她想象中的一帆风顺：生活上，因为没有经济来源，她只能靠奖学金及做家教维持生计；学业上，作为班里唯一的女生,她时常需要单独留在解剖室做实验,必须克服与尸体独处的恐惧;情感上,家人的反对给她带来了沉重的压力,她无人可以倾诉。苦难磨炼人的意志,这段艰辛的学医经历,不仅培养了蒙台梭利异于常人的毅力,还奠定了她深厚的生物学涵养,帮助她更好地理解人类成长的自然法则。

(二)学习与探索阶段(1896—1906)

功夫不负有心人,26岁的蒙台梭利获得了罗马大学医学博士学位,成为罗马大学和意大利历史上第一位女医学博士。毕业以后,作为罗马大学附属医院的精神病临床助理医生,她的主要工作是治疗智障儿童。由此,她开始对智障儿童的治疗和教育问题产生了浓厚的兴趣,决心用自己的智慧去帮助他们。为了找到一种适合智障儿童的教育方法,蒙台梭利认真研究和检验了伊塔尔(Jean Itard)和塞甘(Edward Séguin)的教育低能儿童的方法,在此期间,曾去巴黎和伦敦参观和访问有关低能儿童的教育机构。在精神病院工作的两年中,蒙台梭利发现:"人的智力缺陷主要是由于不当的教育所致的,它是一个教育问题,并不是医学问题。"[1]这引起了医学界和教育界的强烈反响。她的职业轨迹也由此发生了改变——从医院走进了教育。

1898年,蒙台梭利被聘为意大利国立启智学校校长,在全面主导启智学校教育教学工作的过程中,她深入贯彻了自己的理论思想。1901年,在罗马举行的一个入学考试中,国立启智学校的智障儿童和正常儿童的考试成绩居然相差无几,这个考试结果震惊了

---

[1] 〔意〕玛丽亚·蒙台梭利著,李芷怡编译:《蒙台梭利早期教育法》,北京理工大学出版社,2019年,第13页。

全罗马。由此，蒙台梭利提出了正常孩子教育时间过晚、教育方法错误和尝试把教育智障儿童的方法应用于正常儿童的观点。为了研究正常儿童，她又辞去校长职务，重回罗马大学修读教育哲学、教育学、心理学等，以扩大和加深自己的理论基础。这为她以后从事正常儿童的教育打下了坚实的基础。

（三）实验研究与幼儿教育方法的创立（1907—1911）

1907年，蒙台梭利在罗马圣罗伦佐贫民区建立了第一所"儿童之家"，主要招收3—6岁的儿童，这些儿童生活在贫穷、无知的家庭环境中，全然得不到父母的照顾和良好的家庭教育。"儿童之家"里，摆着与儿童身体相适应的小型家具，所有的一切都有助于儿童的发展，俨然一个孩子的王国。蒙台梭利每天与这些孩子生活在一起，通过"意料之外的写作和自发阅读""自主的训练""自由的社交生活"，这些孩子学会了有礼貌、独立、自尊，并且在智力活动上取得了优异的成绩，被称为"神奇的儿童"。不久，第二所、第三所"儿童之家"相继成立。

1909年，根据三年的探索实践，蒙台梭利的第一本幼儿教育著作，也是她的一本成名之作——《科学的幼儿教育方法》出版。这本具有划时代意义的著作，产生了广泛的国际影响，奠定了她在幼儿教育研究领域的地位。许多国家纷纷以"儿童之家"为蓝本建立蒙台梭利学校。她也受邀开启了跨国界、跨种族的访问与讲学，将蒙台梭利的教育思想和方法几乎播撒到了世界的每个角落。

（四）传播与发展阶段（1912—1952）

1912年，蒙台梭利的《科学的幼儿教育方法》在美国出版后，很快被译成20多种文字在世界流传，100多个国家引进了蒙台梭利的教育方法。1913年，蒙台梭利首次访美，详细介绍了其教育体系。访美期间,蒙台梭利探访了许多城市,受到了热烈欢迎,纽约的报刊专门介绍了她的生平、教育活动和教育思想。1913—1915年,蒙台梭利学校已经遍布世界,蒙台梭利在世界范围内引起了一场幼儿教育的革命。

1926年,蒙台梭利在日内瓦国际联盟发表题为"教育与和平"的演讲。她在人类学的视角下,提出了"创建和谐社会、创造世界和平要从儿童教育入手,把幼儿培养成为建立和维护世界和平的天使"的教育理念。由于蒙台梭利对幼儿教育和世界和平的贡献,她连续三次(1949—1951)被提名为诺贝尔和平奖候选人。

1946年,苏格兰教育研究院授予她荣誉院士称号。1950年,荷兰阿姆斯特丹大学授予她"荣誉哲学博士"称号。1952年5月6日,蒙台梭利在荷兰海边小镇诺德维克安塞去世,享年82岁。

行者无疆、爱者无疆、育者无疆。蒙台梭利的生命虽已定格在了1952年的那一天,但是她的思想却经久不衰,影响了世世代代的人类教育。在教育史上,蒙台梭利是第一位真正走进儿童世界的教育家。

二、蒙台梭利教育思想在中国的发展历程

蒙台梭利教育思想于20世纪传入中国,在中国已有百年历史,对我国学前教育的发展产生了重大的影响。从其引进历程来看,可以分为如下五个阶段:

(一)引入与探索期(1913—1949)

1913年,《教育杂志》刊登的《蒙台梭利女史之最新教育法》,是学术界公认的我国最早的介绍蒙台梭利教育思想的文章,"全文大约四千多字,详尽阐述了蒙台梭利教学活动、教具、课业安排情

况以及取得的成绩和影响"[①]。1914年,但焘出版了《蒙台梭利教育法》中文译本,详细介绍了蒙台梭利教育法,其中一章专门介绍了蒙台梭利教育活动的现状,充分肯定了蒙台梭利的教育方法,希望在中国推行。同年,江苏省成立了蒙台梭利教育研究会。因为当时种种的社会、政治和经济原因,蒙台梭利的教育思想虽受到推崇,却未能生根开花。

(二)停滞与批判期(1950—1978)

1949年新中国成立,开启了全面向苏联学习的发展模式,被视为资产阶级教育的蒙台梭利教育思想受到了人们的批判,关于蒙台梭利教育思想的介绍越来越少。1978年中共十一届三中全会召开之后,全国的教育事业又开始得到恢复和发展,幼儿教育逐渐走上正轨。

(三)复苏与传播期(1979—1990)

20世纪80年代进入改革开放,在中外教育思想交流中,我国的教育家注意到蒙台梭利教育思想在世界多个国家如火如荼地推广传播,推动了世界教育改革,蒙台梭利的教育思想再一次走进了中国的大地。1985年,新中国学前教育的前辈——北京师范大学卢乐山教授编著的《蒙台梭利的幼儿教育》出版,用辩证唯物主义和历史唯物主义的观点对蒙台梭利的教育思想和方法进行分析、论述,做出了较为客观与公正的评价。这是新中国第一本系统介绍蒙台梭利教育思想的专著。这一时期,教育史教材成为介绍蒙台梭利教育思想的主要途径之一,蒙台梭利的教育思想虽然得到了国人的

[①] 陈萍:《蒙台梭利教育思想在中国的引进研究》,《忻州师范学院学报》,2011年第6期。

重新关注，但基本限于思想介绍与理论探讨。

（四）发展与风靡期（1991—2014）

20世纪90年代以后，随着学前教育的蓬勃发展，随着国家、社会和家庭对儿童关注度的不断提升，蒙台梭利教育在中国得到了飞速的发展。人民教育出版社先后翻译了蒙台梭利的四本专著，即《童年的秘密》《有吸收力的心灵》《蒙台梭利教育法》《教育中的自发活动》。这几本代表性著作的翻译出版，系统地介绍了蒙台梭利的教育思想，极大地便利了人们对蒙台梭利教育思想的深入研究。1994年，在台湾地区蒙台梭利启蒙研究基金会的帮助下，北京师范大学的教授们在北师大实验幼儿园和北京市北海幼儿园开设了两个蒙台梭利班，开始进行蒙台梭利教育思想的实践研究。这两个班的成功带动了越来越多的幼儿园参与到实验中来，蒙台梭利教育思想开始走进人们的视野。2002年底，我国共有20个省的1000多所幼儿园全部或者部分采用蒙台梭利教育思想来指导幼儿园的教育活动。[1] 蒙台梭利教育思想中国化的实践形式越来越多样化，也越来越深入。许多父母听说过蒙台梭利教育思想，并重视儿童的早期教育，纷纷将孩子送去了蒙台梭利的早教中心，这可谓蒙台梭利教育思想在我国学前教育界的风靡盛世，无疑给幼儿教育理论和实践的发展带来新的生机。然而任何盛世都需要倍加警惕，蒙台梭利教育思想在我国的发展也不例外。蒙台梭利教育思想的引进对中国教育产生了深刻的影响，同时也出现一些问题。比如，缺乏对蒙台梭利教育核心价值的思考、过于重视蒙台梭利教具而忽视教育内涵、

---

[1] 陈萍：《蒙台梭利教育思想在中国引进的第二次高峰》，《赤峰学院学报》（科学教育版），2011年第12期。

缺乏教学法的探索与本土化、蒙台梭利教育费用过高等。这些引起了国内教育者的思考。

（五）规范与深化期（2015年至今）

在审视了蒙台梭利教育思想中国化发展过程中的问题与困境后，中国教育学会致力于蒙台梭利教育在中国的规范、引领和服务工作。2015年11月，中国教育学会在山东省青岛市举办了"蒙台梭利教育在中国：科学化、本土化、规范化"研讨会，颁布了《中国蒙台梭利学前教育机构认证标准》。2016年7月，另外两份标准——《中国教育学会蒙台梭利学前教育教师资质认证标准》和《中国教育学会蒙台梭利教师教育机构认证标准》通过论证，并于同年11月举行认证推广活动。这三份标准的颁布和相关认证机构的成立，标志着蒙台梭利教育思想中国化走向标准化、科学化、规范化，从而为蒙台梭利教育思想中国化更好的发展提供强有力的支持，也为办人民满意的幼儿教育提供了保障。

第二节 童年教育理论的精髓

在"儿童之家"的教育实践基础上，蒙台梭利不断深入探索并提炼教育理论，撰写了很多著作：从诞生到3岁儿童教育——《童年的秘密》《发现孩子》《有吸收力的心灵》；从3岁至7岁儿童教育——《蒙台梭利早期教育法》《蒙台梭利儿童教育手册》《家庭中的儿童》；从7岁至13岁儿童和青少年教育——《高级蒙特梭利教学法》两卷，包括《教育中的自发活动》与《蒙台梭利初等教具》《青春期及其后的教育》；其他方面——《教育人类学》《新世界的教育》《教育之重建》《开发人类的潜能》《和平教育》。每一部著作都倾注了蒙台梭利的智慧,沉淀了蒙台梭利的教育思想与理论,更是世界教育领域的瑰丽珍宝。其中,《蒙台梭利早期教育法》《童年的秘密》《有吸收力的心灵》这三部著作分别是蒙台梭利早期、中期和后期的幼儿教育代表作,阐释了蒙台梭利的教育思想与教育精神。①

一、蒙台梭利视角下的儿童

作为儿童的代言人,蒙台梭利以儿童为中心,在观察儿童、研究儿童、理解儿童、支持儿童的过程中,提出了具有时代性、新颖性和独创性的儿童观,即儿童是创造者、观察者、工作者和探索者。

(一)儿童是人类的创造者

在《有吸收力的心灵》中,她强调指出:"儿童劳动的目的是创造'人','人'是儿童劳动最伟大的作品。"② 由此可见,要想帮助和拯救世界,我们只能依靠儿童,因为儿童是人类的创造者。在《童年的秘密》中,她还指出:"婴儿具有一种创造的本能,可以借助环境来构建自己的精神世界。"③ 儿童具有一种内在的力量,正是这种内在的力量引导儿童从环境中吸收有助于成长的一切资源,让自己从原本一无所有、孤弱无助的状态,以完美的形式最终成长发

---

① 单中惠:《蒙台梭利三大幼教经典的核心要义、主要特色和世界影响》,《中国教育科学》(中英文),2019年第2期。
② 〔意〕玛丽亚·蒙台梭利著,李芷怡编译:《有吸收力的心灵》,北京理工大学出版社,2020年,第11页。
③ 〔意〕玛丽亚·蒙台梭利著,李芷怡编译:《童年的秘密》,北京理工大学出版社,2020年,第31页。

展为一个成人。

（二）儿童是主动的观察者

蒙台梭利指出："在面对环境时，儿童是一个积极的观察者，他会努力地通过自己的各种感官感知周围的世界。"[①]儿童对自己周围世界的观察，不仅唤起他对周围世界的兴趣，并促使他渴望去征服周围世界。儿童观察得越多，知道得就越多，他因而行走得也就越远。成人应该通过感官训练，培养儿童观察的动力和方法。因此，在《蒙台梭利早期教育法》一书中，蒙台梭利用了四分之一的篇幅来讨论感官教育，可见感官教育在她的方法体系中占有极其重要的地位。

（三）儿童是勤奋的工作者

在蒙台梭利看来，从诞生起，儿童就一直是辛劳的工作者。在生命早期，儿童的双手就开始以各种方式忙碌起来。对儿童来说，他的双手可以做很多工作，诸如开关有盖子的盒子，推进或者拉出抽屉等。正是通过这些工作，儿童越来越能控制他的双手。对于儿童来说，生命就是工作和活动，只有通过工作才能探索和实现生命的完美。当我们给予儿童自由和独立时，就是给予儿童这个早已对工作和活动迅速做好准备的工作者以自由，他若不工作和不活动，就无法生存和发展。

（四）儿童是积极的探索者

在蒙台梭利看来，探究力引领儿童去探寻和发展。在幼儿时期，儿童总是那么好奇，不断地提出各种问题，并要求对一些事物

[①]〔意〕玛丽亚·蒙台梭利著，李芷怡编译：《童年的秘密》，北京理工大学出版社，2020年，第57页。

进行解释。例如:"叶子为什么是绿色的?""妈妈,我是从哪里来的?"蒙台梭利认为,儿童往往是通过自己的眼睛或者行走去探究的。所以充分训练孩子的感官,为孩子创造丰富的环境;让儿童去行走,去享受不断开阔眼界的风景,他的生活将会变得越来越丰富多彩。

二、教育要以儿童为中心

蒙台梭利提出了以儿童为中心的教育。教育必须激发和促进儿童内在的生命力量,必须"让我们的儿童自己生活"。每个生命都是有节律的,每个生命都会按照自己的逻辑去展开,就像每朵花都会按照自己的季节去绽放一样。所以尊重生命自己的节律和它的逻辑,按照孩子认识这个世界的方式,让孩子像一个发现者、探险者一样去发现世界之美、创造新的美好,不要把他们暂时还不需要的东西强塞给他们。就像一朵生长在田野里的花儿一样,也许你看不见它们绽放的过程,听不见它们拔节的声音,但是只要有阳光、雨露,有肥沃的土壤,它们最终会悄然怒放。教育要以儿童为中心,遵循这种内在生命力,就需要做到如下几点:

(一)了解儿童发展的阶段性

儿童的发展是一个连续变化的过程,但同时又表现出阶段性的动态平衡,在不同的时期,儿童的发展具有不同的任务,并表现出相对稳定的特征。比如婴儿期(0—3岁),就是感觉发展的关键期,对周围的环境高度敏感,也是口头语言发展的关键时期。这个时期与父母形成的依恋关系,是日后人际交往的雏形。再如儿童早期(3—6岁),生理上稳定成长,记忆和语言能力进一步提高,独立性和自我控制能力增强,有一定的性别认同。儿童发展的阶段性是内在生命潜力的驱使，是一种根据遗传确定的生物学的规律，不以人的意志为转移。教育者不应拔苗助长，应该遵循儿童发展的阶段性，给予儿童适时的支持与引导，便是以儿童为中心的教育体现。

（二）抓住儿童的关键期

蒙台梭利指出："人生最重要的时期是0—6岁这一阶段，而并不是大学阶段。因为，人类的智慧是在这个阶段形成的，而且人的心理也是在这个阶段完成发展并定型的。"[1]人生每个阶段都很重要，都有自己特殊的发展任务。但是，总体而言，对于0—6岁的重要性远远没有形成全社会的共识。我们对婴幼儿的身体与心理发展缺少必要的理解与把握。其实，就出生之初的显性能力而言，人是不如其他动物的，比如小猫小鸟一出生就能够发出与成年猫和鸟一样的声音，婴儿却只能够用哭声表达自己的情绪。但是，人的基本能力，都是在婴幼儿时期形成的。所以中国古代有所谓"三岁看大，七岁看老"的说法。童年本身就是一所学校，我们习惯性地把小学前的教育称为"学前教育"，实在有些不可思议。因为，这个阶段的学习，恰恰是一生学习中最富有成效的黄金时期。蒙台梭利认为，人类的所有东西都是在儿童阶段形成的，特别是在人生的最初两年里形成的。这种言论虽然有些武断，但是却十分值得玩味。儿童的"无师自通"，的确让我们成年人自叹不如。蒙台梭利说，大自然好像能够使儿童不受成人推理方式的影响，而用儿童自身的内在学习方法顺利地完成他们的学习。"在成人所谓的智慧占据和改变儿童的内心以前，儿童就将他们的心理构架建设好了。"正如

---

[1] 〔意〕玛丽亚·蒙台梭利著，蒙台梭利丛书编委会编译：《有吸收力的心灵》，中国妇女出版社，2012年，第17页。

有些心理学家说的那样，儿童用 3 年时间学会的东西，我们成年人可能要花 60 年的艰苦学习才能够完成。儿童如此强大的学习能力，我们虽然还不知道它的运行机制，但它的存在显然毋庸置疑。因此，请不要忽视 3 岁前的黄金岁月。

（三）把握儿童的敏感期

敏感期是由荷兰科学家德弗里斯在一些动物的生活中发现的。比如蝴蝶的幼虫，对光线的敏感才能让它通过光线的指引找到维系生命所必需的食物——非常嫩的叶子。当蝴蝶幼虫通过了它的第一成长阶段，长到能吃其他的食物时，它对光线的敏感性也就失去了。与此同时，这只幼虫又出现了一种相似的灵敏的感受性，它立刻从以前贪吃而致使植物毁坏的凶手变成了一个斋戒的苦行僧。在这个严格的斋戒期内，为自己建造了一具石棺并藏身其中，就是在这个石棺中，它为自己配备了闪烁光亮的翅膀，不久便成为一只美丽的蝴蝶，从石棺中飞出。

蒙台梭利在观察儿童的一日生活中也发现了儿童的敏感期，并把它运用到教育工作中。蒙台梭利认为，儿童具有独特内在的敏感性，使儿童去感受世界。跟生长现象密切相关，不同的年龄段表现出不同的敏感性。例如，对良好行为规范的敏感期在 2—6 岁，对颜色、声音、触摸等感觉的敏感期在 2—4 岁。正是这种敏感性使儿童去吸收周围的一切，也正是这种能够独自进行观察和吸收的工作使儿童自身去适应生活。某种感觉能力会在相应时期内出现、消失，当它们出现时，能最有效地学习。许多低能者之所以低能，就是因为忽视了敏感期的训练，这是一种很难甚至无法弥补的损失。蒙台梭利所观察到的儿童的敏感期如下：

秩序的敏感期：从出生的第一年一直持续到第二年。这是幼儿的一种内部的感觉，以区别各种物体之间的关系，而不是物体本身。

细节的敏感期：幼儿在1—2岁时会表现出对细节的敏感，注意力往往集中在最小的细节上。这表明幼儿的精神生活的存在，以及幼儿和成人具有两种不同的智力视野。

行走的敏感期：这是在幼儿发展中最易观察到的一个敏感期。幼儿通过个人的努力学会走路，并逐渐取得平衡和获得稳健的步伐。

手的敏感期：幼儿会朝着外界的物体伸出小手。这个动作的最初推力代表幼儿自我进入外部世界之中。正是通过手的活动，幼儿才能发展自我，发展自己的心灵。

语言的敏感期：幼儿开始学说话，所获得的语言是他从周围环境中听到的。当他说第一句话时，并不需要为他准备任何特殊的东西。蒙台梭利认为语言能力的获得和运用，是幼儿智力发展的外部表现之一。

在蒙台梭利的眼中，不同的个体有不同的发展节律。教育必须与敏感期相吻合，这就意味着要用不同的教育来适应不同的成熟节律，为此，必须进行个别教学，使儿童按照自己的需要进行活动，儿童的自由成为教育的关键。

三、混龄教育，注重培养儿童的社会性

教育要立足生命的社会属性。我们每个人都生活在社会中，都要和别人打交道，都要学会理解、宽容、尊重别人，成为一个受欢迎的人。基于此，蒙台梭利提出了混龄教育。混龄教育是打破年龄和班级的界限，把不同年龄的儿童安排在一个班里。在这样的班级

里，大孩子与小孩子可以互相帮助、互相学习，具有较强的凝聚力。混龄教育的班级，为儿童构建了一种"家"和"社区"的感觉。在混龄教育中，教师会根据孩子的年龄和发展水平进行分组，并选择不同的教育内容，采用不同的教学方式，以满足不同年龄儿童的需求。这就要求教师不但要具有教育学、心理学的理论知识，过硬的课程设计及教具使用的实操技能，还要有敏锐的观察力和发现美及不干涉儿童自由的引导能力。

蒙台梭利的混龄教育为儿童创设了一个社会交往的环境，为不同年龄的幼儿提供了一个充分认识自我、认识他人、增进交往与互动的机会与环境，也就从根本上为幼儿的人际关系智能、自我认识智能发展创造了空间，通过多元智能的教育途径进行合作学习，同时兼顾发展幼儿的自信心、同情心、责任感等美德。

四、自由与纪律共存，尽可能慎用奖励和惩罚制度

蒙台梭利认为，真正的自由是一种发展的结果。自由和纪律是一枚奖章的两面。教师不要误解儿童自由的观念，而要明确真正的自由实际上是一种发展的结果。纪律不是通过口头方式实现，谁也不能"通过听别人谈话"学会律己。纪律总是通过间接方法实现，达到这一目的的方式，不在于抨击错误和与错误做斗争，而在于开展自发学习的活动。纪律的目的是工作和活动，但只有通过给予自由才能获得纪律。奖励和惩罚是对儿童精神奴役的工具，对错误的察觉和纠正将使儿童趋于完美。在《有吸收力的心灵》一书中，蒙台梭利强调指出："我们永远都要记住，内心深处的那种纪律性不是与生俱来的，而是后天形成的。而为这种纪律性的形成指明方向就是我们的任务。儿童可以集中注意力关注对他们有吸引力

的事物的时候，他们就已经具有了这种纪律性。这些具有吸引力的物体可以给儿童非常有用的实践经验，而且还有助于儿童对错误的控制。"[1] 儿童的纪律性是伴随着他们的控制能力逐步形成的。一旦这种纪律性被唤醒，他们就会表现出安静、快乐，甚至能够达到一种"忘我的境界"。教育就是要给孩子提供足够的精神空间和自由，帮助他们排除各种影响发展的障碍，使其迸发创造力，过光彩夺目的觉醒人生。

五、开发教具，注重感觉训练

蒙台梭利是一位伟大的教育实践者，她为儿童设计并制作了各种教具，如感官教育教具、数学教育教具、语言教育教具、科学文化教育教具、日常生活教育教具及音乐教育教具。蒙台梭利教具最大的特点在于，孩子通过自主地操作教具，从中主动地获得大量感官经验，掌握不容易被理解的数理知识。蒙台梭利教具是依据孩子的年龄段而设计的，不同年龄段的孩子适用不同的教具，具有如下特点：其一，具不选用五彩杂陈的色泽，以朴实、干净的色调为主。因为它具有教育意义，所以通常用单色调，突显真正的教育目标，也就是具孤立的特性。例如：粉红塔的十块木头全部都是粉红色。其二，教具在大小、尺寸上，只以儿童的能力为考虑范围，例如：粉红塔最大的一块，孩子也可以搬得动。其三，每项教具都有能够吸引小孩子的因素，例如粉红塔木头的重量、颜色；或者舀豆子时，沙沙的声音。其四，每项教具的单独和联合使用，都有其步

---

[1] 〔意〕玛丽亚·蒙台梭利著，蒙台梭利丛书编委会编译：《有吸收力的心灵》，中国妇女出版社，2012年，第205页。

骤和顺序，例如，由简单到复杂，其主要目的是让孩子了解步骤，重视秩序，间接地培养其"内在纪律"。其五，教具具有控制错误的特性，可以使小朋友自行发现错误，进而能自行改正，其主要目的是由步骤、秩序培养孩子的逻辑习性和推理能力。

在蒙台梭利教具中，感觉教育教具最为经典，例如：插座圆柱体、粉红塔、棕色梯、长棒等。因此不难看出，蒙台梭利非常重视感官教育。蒙台梭利认为智力的发展首先依靠感觉器官，感觉器官越敏锐，越容易接收外界的信息，形成有利于智力发展的知识结构。而0—6岁的儿童正处于各种感觉的敏感期，尤其需要对其进行充分的感官训练。蒙台梭利注重通过感官训练促进儿童智力发展的教育思想，对学前教育具有重要的启发意义。五感教育正是幼儿园教育的核心内容之一。

蒙台梭利为"儿童之家"的孩子们研发的教具被当今的幼儿园及早教机构广泛地使用。从某种程度上说，不是每所幼儿园都将蒙台梭利教育思想作为办园的唯一指导思想，但是蒙台梭利的教具几乎在每所幼儿园里都可以寻觅到身影。这是蒙台梭利对教育实践的又一贡献。

六、为儿童教育创设好的环境

蒙台梭利认为儿童发展的阶段性和敏感期是内在生命力。儿童的内在生命力是在外界刺激的帮助下发展起来的，是个人对环境的自发活动。对儿童的自发活动是压制还是引发，就成为区分教育好与坏的分水岭。好的教育是为儿童创设适宜的环境，儿童身处于这个有利于他们自然发展的环境中，能按自己的需要、发展的节奏和速度来行动，就会显现出惊人的特性和智慧。蒙台梭利说："在我们学校中，环境教育儿童。"即环境是整个幼儿教育体系的中心。儿童是精神胚胎，有赖于环境的呵护才能发展。儿童是探索者，其有吸引力的心灵需要吸收环境中的各种印象来构建其心智。童年之谜隐藏在儿童的环境中，唯有透过适合儿童开展其禀赋的环境，才能将真正内在的潜能发挥出来。为儿童创设好的环境应该从物理环境、心理环境和人际环境三个方面来展开。

（一）为儿童创设好的物理环境

"儿童之家"是蒙台梭利为儿童教育创设的物理环境。儿童之家在"给儿童创造一个每样东西的大小都与他自己相称的环境，并让他生活其间。这样有助于发展儿童内在的、令人惊叹不已的'积极的生活'"[1]。因为他们在这里不仅看到愉悦地进行着的一种简单练习，而且幼儿还显露出一种精神的活力。在这种和谐的环境中，我们可以观察到，幼儿在动脑时犹如一粒种子植根于土壤之中，通过唯一的方式生长、发育，即长时间的反复练习。环境创设的基本原则：家具必须轻巧，摆设的位置要让儿童能够方便移动，照片要张贴在儿童的视线高度，让儿童能够轻易观看。这些原则适用于所有可能会出现在儿童四周的东西，从地毯到花瓶、盘子等诸如此类的物品。[2]按照蒙台梭利的观点，物理环境既包括地理位置、空间大小、内部陈设，也包括设施、教材教具和物品。好的物理环境的创设应该遵循如下几点：其一，位于社区之中，拥有花园、操场、健身器材等，让儿童身处真实的环境中，并拥有足够的空间释放自

---

[1] 〔意〕玛丽亚·蒙台梭利著，任代文译：《蒙台梭利幼儿教育科学方法》，人民教育出版社，1993年，第611页。

[2] 〔意〕玛丽亚·蒙台梭利著，郭景皓、郑艳译：《家庭中的儿童》，中国发展出版社，2012年，第89页。

己、探索外界。其二，设施要与儿童相称，所有设施，包括课桌椅和用具，都应该根据儿童的身材和体力来制作，让儿童能够像成年人移动家具一样轻松地移动、使用。其三，设施及教材摆放要有秩序和规律，比如由小到大、由简到繁，每个物品要有固定的位置，方便儿童找到，有秩序的环境不仅能够满足儿童对秩序的需要，而且能促进儿童秩序感的发展。其四，塑造具有教育意义的环境，室内应该允许易碎的日用品存在，在确保安全的情况下，让儿童使用容易打碎的物品，一旦儿童由于自己的粗心打碎了物品，下次就会更加小心。这样能够使儿童自己纠正自己的错误，让行为变得越来越文明。其五，适时投放教材教具，要根据儿童发展的阶段性和敏感性，适时更换教材教具，使之能够激发儿童的内在生命力。

（二）为儿童创设好的心理环境

为儿童创设独立、尊重和自由的心理环境，是促使儿童发展的要素。在蒙台梭利看来，儿童的吸收性心灵只有在适宜的环境中才能得到满足和发展，她把这种活动称为儿童的工作。"儿童通过环境经验才能发展，我们把这种经验称作'工作'。"[1]儿童全神贯注地工作必然会导致独立性的发展，从而培养其尊严，这能给儿童带来极大的快乐。蒙台梭利通过实验发现，儿童有自发的纪律、自发的工作、自发的爱成人和爱环境的自然倾向，这就是童年的秘密。"我们需要做的只有给孩子自由，看着他们健康地成长。"[2]为儿童准备一个可以最大限度自由活动的环境（儿童之家与蒙氏教具），

---

[1] 〔意〕玛丽亚·蒙台梭利著，田时纲译：《蒙台梭利文集》（第五卷），人民出版社，2017年，第77页。

[2] 〔意〕玛丽亚·蒙台梭利著，蒙台梭利丛书编委会编译：《发现孩子》，中国妇女出版社，2012年，第42页。

这个环境需要能够支持孩子的自由探索与发展，在滋养孩子的好奇心、形成正向性格特质的同时，为其日后的学习提供一个最基本的框架概念与基础。只有给予儿童尊重与自由，儿童才能独立地、全神贯注地进行自己的工作，从而健康快乐地成长。值得注意的是，蒙台梭利的自由是有限度的，是培养纪律性的基础。"肃静课"、专注力和工作，让"儿童之家"的孩子们拥有了成年人都叹为观止的纪律意识与规范。儿童的纪律与自由是并行成长，相互依赖的。自由是选择最适合自己发展的能力，真正的纪律是一种主观能动的积极的状态，是建立在自由的基础上的。

（三）为儿童创设好的人际环境

父母和教师不仅是环境的创造者、保护者和管理者，也是环境中的重要组成部分。蒙台梭利认为，当儿童开始独立地行走、触摸各种东西时，儿童与父母、教师之间就开始发生冲突。处于支配地位的父母和教师对儿童的压抑，必然使他们不能正常地发展。因此，父母和教师要克服自己的傲慢和偏见，应该尊重和激发儿童的生命，构建一个积极的关系场域。首先，父母和教师要身心健康，具有阳光的、温和的、关怀的、接纳的、有力量的精神品质，用这些品质去影响孩子。其次，父母和教师要让自己有开创新教育的理念，应该成为儿童成长过程中的观察者、陪伴者、支持者和引导者。观察儿童是陪伴儿童、支持儿童、引导儿童的基础，也是教育过程中重要的工具和手段。父母和教师在对儿童进行观察时不能加入自己的主观臆断，只能真实、客观地反映观察到的现象。在观察的过程中，父母和教师应该是隐形的，不能干扰儿童自发的活动或者工作，不适当的介入会破坏儿童的专注力。父母和教师要克制住自己想要帮助儿童的冲动，给儿童在活动中进行自我学习和自我教育的机会。但是被动观察并不意味着父母和教师可以"放任自由",如果发现儿童有粗野和不礼貌的行为时需要及时制止,这时就要发挥父母和教师的引导功能了。父母和教师只有把孩子成长过程的主角位置还给儿童,心甘情愿地当好配角时,才能更好地履行自己的职责。

七、家、校、社共育

蒙台梭利创建了社区"儿童之家"模式的幼儿教育,解决了家庭教育的困境和社会资源的需求,开辟了社会教育的新模式。在蒙台梭利早期的教育实践中,贫民区"儿童之家"的教师们白天同孩子们生活在一起,晚上或节假日经常去拜访孩子的家长和邻居,向他们了解儿童的日常生活与实际表现;帮助他们安排家庭生活,布置和美化周围环境;回答和解释他们提出的各种问题。热心的教师为家长带去了文化科学知识和温暖,因而成为社区里最受尊敬的人。同时,家长也定期到"儿童之家"和教师共同讨论儿童教育问题。这就形成了儿童、家长和社会共同进步、孕育儿童的局面。[①]蒙台梭利尤为强调家庭教育,这与当前我国非常重视家庭教育不谋而合。

孩子是人类的希望和未来,父母带给孩子的不仅仅是生物的遗传,更重要的是后天的教育与影响。所以,为了孩子更好地发展,父母首先要了解孩子身心发展的规律,把握孩子的敏感期;其次,用纯真的爱为孩子创设一个自由的环境,克制自己自以为是的成人心态,向孩子学习,陪伴、支持和引导孩子成为他们自己。

---

① 袁梅、倪志勇:《蒙台梭利教育思想价值新探》,《比较教育研究》,2015年第2期。

第三节　童年教育思想的价值

美国的珍妮特·沃斯和新西兰的戈登·德莱顿在《学习的革命》一书中称蒙台梭利教育法是"世界上最好的教育思想"和"世界上一流的幼儿教育"。英国教育家评价她是"20世纪赢得世界承认的推进科学和人类进步的最伟大的科学家之一"。蒙台梭利终其一生在教育实践中不断探索，撰写了几十部教育著作，融入了哲学、生物学、生理学、心理学、人类学、教育学，阐述了蒙台梭利对0岁至青春期儿童身心发展规律的认识和教育方法，不仅是人类教育思想的宝贵财富，也为其他学科贡献了智慧与价值。

一、童年教育对教育实践的贡献

当代美国儿童早期教育学家莫里森（Morrison）认为，蒙氏教育方法"得到一代又一代教育工作者的肯定，当代的很多教育方案都借用了她的思想。蒙台梭利对儿童早期教育方案与实践做出了极大的贡献"[1]。蒙台梭利对儿童天性、发展阶段和环境教育角色提供了新的启示，并在世界范围内持续激发了人们对早期教育的兴趣。蒙台梭利对教育实践的贡献有：

1. 提出儿童发展阶段、敏感期及教育的关键期；

2. 重视早期教育，认识特定活动和材料对学习特定的运动和认知技能的关系，并系统梳理了一套早期教育方法，研发了早期教育

---

[1] 〔美〕莫里森著，王全志等译：《当今美国儿童早期教育》，北京大学出版社，2004年，第115页。

的教具；

3. 发现孩子拥有一颗有吸收力的心灵，因此教育是在创设的环境中儿童的自我教育；

4. 自由与纪律并存，只有孩子可以自由地不被打扰地工作，纪律才能内化为孩子的品质；

5. 慎用奖赏与惩罚；

6. 强调自然环境对于教育的重要作用；

7. 认识到学习是复杂而多因素的，感官教育是最为重要的；

8. 再定义了学校与教师的功能，教师应该成为孩子的观察者、支持者、引导者；

9. 认识到教育是系统工程，需要家、校、社的共同参与。

二、童年教育对心理学的贡献

斯坦丁（E.M.Standing）认为蒙台梭利对儿童天性的发现，"正如同哥伦布发现新大陆，牛顿发现地心引力一般"[1]。在此后的100多年，世界各种不同文化国家的蒙台梭利幼儿园不断地重现"儿童天性"这一教育奇迹。著名的心理学家皮亚杰（Jean Piaget）曾经任瑞士一所蒙台梭利学校的校长，他以观察儿童的游戏和儿童的学习为基础，发表了一系列有关儿童认知发展的文章，并于1924年出版了《儿童的语言和思维》，从而享誉全球。

弗吉尼亚大学心理学教授安吉丽娜·利拉德（Dr. Lillard）对蒙台梭利教育思想进行了系统的研究，并于2005年出版了著作

---

[1] 袁梅、倪志勇：《蒙台梭利教育思想价值新探》，《比较教育研究》，2015年第2期。

《蒙台梭利：天才背后的科学》。利拉德借用心理学方面的研究成果，从蒙台梭利教育思想中提炼出八条心理学原则，分别是：

1. 运动与认知密不可分，运动可以促进思考和学习；

2. 当拥有了控制自己生活的感觉时，人们能得到全面发展；

3. 人们对自己所学东西感兴趣时能学得更好；

4. 为了获得外在奖励去参与一项活动，当奖励消失时，人们参与此项活动的动力将受到负面影响；

5. 协同合作有利于学；

6. 在有意义的环境中学习具体的事物，通常比学习抽象的内容要深刻和丰富；

7. 特定形式的成人互动有助于带动儿童最理想的表现；

8. 环境中的秩序对儿童有益。[1]

三、童年教育对哲学的贡献

蒙台梭利将哲学作为其教育思想的根基，从宇宙本体论和人的本体论来探索教育实践。而她的教育思想又丰富和拓展了哲学思想，尤其是她的儿童观，不论是在那个充满战争与权贵的年代，还是文明和平的当代，都具有重要的意义与价值。蒙台梭利眼中的儿童是创造者、观察者、工作者和探索者，他们自主且有秩序，他们生而有爱，拥有一颗有吸收力的心灵。当环境能够为儿童的敏感期提供工作所需的物料和自由时，儿童将完成自我教育与自我成长。"人类的所有东西都是在儿童阶段形成的，特别是在人生

---

[1] 袁梅、倪志勇：《蒙台梭利教育思想价值新探》，《比较教育研究》，2015 年第 2 期。

的最初两年里形成的。儿童不仅要认识周围的事物,理解同时适应周围的生活,而且其中还有一些东西是成人无法教授的,比如智慧、信仰和民族与社会特有的情感等,这些都形成于这个阶段。"①

看见儿童,关爱儿童,是蒙台梭利教育思想的宝贵遗产。作为儿童的代言人,蒙台梭利坚持呼吁社会尊重儿童权利,谴责惩罚式的教育,谴责社会对儿童的麻木不仁,谴责社会对儿童成长的投入不足。蒙台梭利指出,教育是世界的重建,对儿童早期的教育有助于避免儿童潜能的流失,无论从促进经济发展、社会公平,还是从人民幸福的角度,都具有非凡的意义。

四、童年教育对社会和谐与世界和平的贡献

蒙台梭利出生于信奉天主教的家庭,有着浓厚的宗教信仰,认为性本善,提出了"性善论"的教育主张。1926年,蒙台梭利在日内瓦国际联盟发表题为"教育与和平"的演讲,在人类学的视角下,提出了"创建和谐社会、创造世界和平要从儿童教育入手,把幼儿培养成为建立和维护世界和平的天使"的教育理念。

从微观来看,蒙台梭利的"儿童之家"就是爱的家园。儿童在充满尊重、自由的环境中,通过自主的工作和反复的练习成为自己。通过大帮小的混龄教育,让儿童学会爱,并且传递爱。曾经在一所蒙台梭利幼儿园的毕业欢送会上,有一位即将毕业的孩子拉着一个小小孩的手说:"我的妹妹要来咱们幼儿园了,你一定要像我照顾你一样地照顾她哦!"只见那个小小孩满眼泪水地不停点头。

---

① 〔意〕玛丽亚·蒙台梭利著,蒙台梭利丛书编委会编译:《有吸收力的心灵》,中国妇女出版社,2012年,第4页。

这就是蒙台梭利"儿童之家"对爱传承的最好例证了。每一位蒙台梭利的儿童、教师和家长都在彼此的交往中感受着爱，同时也传递着爱。由少聚多，为所在社会的和谐贡献着力量。

从宏观来看，蒙台梭利提出了和平教育的思想，并奔走于欧洲及许多国家，传播和平教育，呼吁世界和平。她在第一次世界大战结束后的 30 多年时间里，从未停止过对建立和平世界的呼吁。蒙台梭利从教育的视角诠释了和平的含义，创立了振聋发聩、感人至深的和平教育理论，并明确指出：教师是和平的使者，设计了和平的课程与和平教育的课程方案，并协助构建和平的家庭、和平的环境，构建和平的整体即社会和世界。蒙台梭利认为教育可以重建世界，教育也许是唯一可以永远地消除战争的方式。蒙台梭利不仅提出了和平教育的理论，而且还给我们留下具体实施方法。可以说，只有领悟了蒙台梭利和平教育的精髓，才算真正理解了蒙台梭利教育的博大精深。

作为 20 世纪享誉全球的幼儿教育家，蒙台梭利为儿童教育事业贡献了自己的一生。纵然她的教育思想具有时代或者思想的局限性，但依然超越了时间与国界，成为无数幼儿教育者心灵博物馆内珍藏的美丽画卷，犹如泉水涓涓流淌，滋养着教育者砥砺前行。

第一章

儿童在世界重建中的作用

导语

儿童具有各种未被了解的能力，这些能力能引导我们走向一个绚丽多彩的未来。如果我们确实想要一个新世界，那么，我们就必须依靠儿童，必须让教育把儿童这些潜在的可能性发展成为显性的能力。

教育是实现世界重建的最好方法

>> 教育被人们广泛地认为是实现世界重建的最好方法。人们都不会否认，人类的智力发展远远没有达到人类文明发展所要求的水平。

——《有吸收力的心灵》，第 1 页

朱永新解读：

蒙台梭利认为，人类现在的成熟水平还远远没有达到帮助人类实现伟大理想，建立一个和谐与和平的社会的地步。这是因为，人类的智力发展远远没有达到人类文明所要求的水平。而人类智力的发展，取决于教育的水平。所以，教育在重建世界的过程中发挥着巨大的作用。

认识到教育的价值，从而全力以赴发挥教育的作用，是一个教育家拥有根本信念的起点。所以，柏拉图说，教育决定一个人未来生活的方向；苏格拉底说，教育具有一种力量，去解放和引领灵魂中最好的部分，去沉思万物之中最好的东西；叶圣陶说，教育是我们征途中的一盏灯。同理，对教育工作者，对父母来说，无限相信教育的力量，正如无限相信孩子的潜力一样重要。

教育必须从人诞生之日开始

>> 教育必须从人诞生之日开始。

——《人的成长》，第 102 页

朱永新解读：

既然儿童从出生起就开始通过环境建构自己，那么从这个时候开始，就必须为他的成长鸣锣开道。既然儿童早期的经验对于他们的成长至关重要，就必须为儿童早期的生活的丰富性做最合适的安排。越是生命的早期，儿童的成长越是关键，越是重要。这个时候，千万不能把孩子完全交给保姆阿姨去管，父母应该尽可能多和孩子交流接触。你陪伴孩子的机会越多，孩子发展的空间就越大。

重建教育是重建社会的基础

>> 重建社会最紧迫的工作之一，就是重建教育——为儿童提供适合他们生命开展的环境。当然，第一个环境是世界，而其他的环境，如家庭与学校，必须能满足创造动力的需求。

——《人的成长》，第 105 页

朱永新解读：

重建社会的基础是重建教育，社会是由教育造就的。重建教育，按照蒙台梭利的观点，就是要重新认识儿童，发现儿童，去除关于儿童的各种偏见。她说，直到真知征服偏见的那一天，"优秀儿童"才会在世界上出现，"充分发挥至今仍潜藏未显的能力。那时出现的儿童将会是理解并掌握当代文明的新人类"。

重建教育，还要为儿童提供良好的环境——社会环境、家庭环境和学校环境。这些环境应该是能够彰显儿童的个性与创造力，能够尊重儿童身心发展的自然规律的环境。

教育界就像一座孤岛

>> 已有的教育体制跟社会生活十分疏远。它们之间的距离极大。就像社会生活和它所产生的问题跟学生没有一点儿关系一样。教育界就像一座孤岛，里面的人都过着与世隔绝的生活，而且准备一直这样隔绝下去。

——《有吸收力的心灵》，第 8 页

朱永新解读：

蒙台梭利的时代，正是欧洲新教育运动风起云涌的时候。针对当时教育远离社会生活的象牙塔格局，新教育的先驱们强烈提出，教育要关注社会生活。蒙台梭利也是新教育的一员大将，她旗帜鲜明地反对孤岛般的教育、与世隔绝的教育。

其实，这不仅是对整个教育体制而言，也是对家庭教育而言。封闭的家庭无法培养出大写的人。亲爱的父母，让孩子拥抱社会生活吧！你有怎样的胸怀，孩子才有怎样的情怀；你有怎样的格局，孩子才有怎样的未来。

孩子是培养民族性格的突破口

>> 如果我们要改变某个国家的风俗习惯，或希望加强某个民族的某种性格，我们必须把孩子作为突破口，从他们小时候就开始行动，因为能够在成人身上做的事情是非常有限的。

——《发现孩子》，第 31 页

朱永新解读：

现在的儿童就是明天国家的公民。所以，移风易俗，应该从儿童开始。也正是由于这个原因，蒙台梭利对于儿童教育问题如此关心，把它作为变革社会的根本路径。她分析说，如果想改变一个国家或者一个民族，不管是要变好还是要变坏，不管是要唤醒宗教意识还是要提升文化品位，"我们都必须依仗孩子，只有他们才拥有无可比拟的能力"。

中国古代对于儿童教育的重要性也有类似的论述，如《学记》早就指出："时过然后学，则勤苦而难成。"所以，亲爱的父母，你的孩子不仅是你的孩子，也是未来社会的栋梁，是国家与民族的未来。孩子的模样，就是国家明天的模样！

儿童是传播文明火种的工具

>> 婴儿期是一个非常重要的时期,因为如果我们想引入新思想、改变风俗习惯、为社会注入新的活力,我们就必须以儿童为工具,成人是无法完成这一任务的。如果我们真的想广泛传播文明的火种,就必须求助儿童来完成这一使命。

——《有吸收力的心灵》,第 52 页

朱永新解读:

蒙台梭利认为,儿童是不同历史时代和不同文明程度的纽带,也是历史和未来的纽带。儿童时期是人的行为习惯、认知风格和个性特征形成的关键时期,如果我们想创造一种新的文明,形成一种新的生活方式,传播一种新的思想,最好的办法就是从儿童开始。因为,对成年人来说,移风易俗不仅是一个非常痛苦的过程,而且也是一件非常艰难的事情。

所以,无论是一个社会、一所学校,还是一个家庭,如果想真正地重新建立新的秩序,就应该从娃娃抓起。

有关孩子的记载是一片空白

>> 回顾人类的历史,有关孩子的记载是一片空白。我们期待有一天人类能够把这空白填满。

——《发现孩子》,第 6 页

朱永新解读:

蒙台梭利不止一次地感叹,人类对儿童太不公平了。在人类文明的历史长河中,几乎看不到儿童的存在,有关孩子的记载总是一片空白。的确,人类的历史智慧记载那些宏大的场面,战争与和平,阴谋与造反,文学与科学,儿童从来没有进入历史学家的视野。甚至,儿童就没有作为一个完整的人,被真正地关注过。在成年人连温饱都很困难的时代,怎么可能还有闲情雅兴关注儿童的成长呢?

在科学的时代来临以后,科学家们首先注意的也是遥远的星球,天文学成为科学家族的老大哥;然后是物理学的世纪,生物学的世纪。真正关注儿童的心灵,我们还有很长很长的路要走。

难能可贵的是,在 100 年前,蒙台梭利已经期待人类能够把这空白填满,她本人也的确为此付出了巨大的努力。而且,她的努力,已经写在人类的历史上。她关于儿童的理论,已经成为人类共同的财富。

儿童不是等待填充的瓶子

>> 儿童并不是一个被动地等待填充的瓶子,他们不是每时每刻都等待着我们的帮助。相反的,是儿童创造了人类,如果没有了儿童,就没有成人,也就不会有人类了。

——《有吸收力的心灵》,第 12 页

朱永新解读:

蒙台梭利认为,新生儿绝不是一张白纸,襁褓中的婴儿就已经具有超乎我们想象的精神力量。在叶圣陶先生的著作如《排除"空瓶子观点"》《"瓶子观点"》两篇文章中,也有类似表述,叶圣陶也强调儿童不是被动地等待填充的空瓶子,与蒙台梭利的观点如出一辙。

蒙台梭利认为,母亲只是给予了孩子躯体,成长主要是孩子自己完成的。以语言学习为例,婴儿学会语言并不源于自己的母亲,而是从自己的自觉学习中获得。一个离开母亲去异国他乡的幼儿,学会的不是母亲的语言,而是另外一个国家的语言。所以,我们应该充分尊重儿童,信任儿童,相信生命本身积极成长、不断向上的力量,正是这种力量驱使着人类不断前进。因此,是儿童创造了人类,没有儿童就没有成人。

我充其量只是孩子的代言人

>> 事实上我所从事的不过是研究儿童,搜集并发表他们所提供给我的信息,这就是蒙台梭利教学法。我充其量只是孩子的代言人。
——《蒙台梭利儿童教育手册》,第12页

朱永新解读:

在这本《蒙台梭利儿童教育手册》的英文版前言中,南希·麦考梅克·拉姆布斯克写了这样一段话:"由于老师的任务是让每个孩子都能自由地学习,由于每个孩子各自机体的内在法则不同,他们各自的需要和发育的时期和速度也就相应地不同,如果老师不了解孩子行为和习性上的千变万化,就不能有效地行使其职责,发挥其作用。根据蒙台梭利的规定,不懂得观察的老师是不能从事教育行业的。"

亲爱的父母,蒙台梭利认为,"要改革教育必须立足于儿童身上。"我们固然需要阅读卢梭、裴斯泰洛齐、福禄贝尔等大师的著作,但是,单单读历史上的教育家研究儿童的书是不够的,还必须亲自观察。所以,研究儿童,了解儿童,发现儿童,帮助儿童,应该是教育的出发点。

尊重和了解儿童是首要原则

>> 尊重儿童正在进行的所有合理活动并试着去了解他们，是首要的原则。

——《家庭中的儿童》，第 111 页

朱永新解读：

蒙台梭利论述家庭教育的原则有三条，"尊重儿童正在进行的所有合理活动并试着去了解他们"，是第一条原则。她坚信，儿童"确实有一个内在生命的存在"。儿童的内在潜力会驱使他们发挥、运用自己各方面的精力，但成人经常对此视而不见。

蒙台梭利介绍了自己在观察一个女孩三个月和六个月时的两件事。在三个月的时候，女孩发现了自己的双手。每次女孩试图抓东西，无论能否抓到，她的脸上都会露出灿烂的笑容。六个月的时候，给女孩一个银色的玩具摇铃，玩了一会儿女孩就把摇铃丢在地上。有一天女孩不像以往丢摇铃，而是先放开一根手指，然后再放开一根手指，一直到最后把五根手指全部放开，摇铃丢在了地上。女孩开始目不转睛地看自己的手指头，一边反复做着一根一根张开手指的动作，一边继续观察自己的手指。

这个女孩观察自己小手的细节被蒙台梭利发现了。如果没有人注意到这个细节，可能会给女孩的小手戴上手套，这就会妨碍她想要看手的欲望；可能会在女孩把摇铃丢在地上的时候干脆把摇铃收走，这就会阻止她对手指的活动与探索；而这个时候她会发出哭闹的声音，父母一定也会觉得莫名其妙，甚至很不耐烦。

　　所以，亲爱的父母，像蒙台梭利那样细致地观察你的孩子吧，努力地去了解孩子每个动作背后的缘由吧。也许，你会有许多新的发现，增加自己对孩子的认识和了解。

儿童拥有一种未知的力量

>> 儿童拥有一种未知的力量,这种力量能够引导我们走向美好的未来。如果我们真的想改变这个世界,教育就应该以发展儿童的潜能为奋斗的目标。

——《有吸收力的心灵》,第 2 页

朱永新解读:

如果说教育能够重建世界,那么,它是通过孩子来重建的。

蒙台梭利认为,儿童的确拥有一种神秘的、未知的力量,这就是儿童巨大的学习的潜能。她指出,儿童一出生,他的人格形成过程就开始了。而教育,在很大程度上就是要"帮助婴儿发展他们与生俱来的精神力量"。

既然这种力量目前尚属"未知",我们就应该怀有一种敬畏之心,努力去体悟、思考儿童的可能性,去发现、呵护儿童的创造性,去探索、挖掘儿童的潜能,从而在帮助孩子建构自我的过程中,重建这个世界。

儿童的精神决定人类进步的进程

>> 儿童不仅作为一种物体的存在,更作为一种精神的存在,它能给人类的改善提供一个强有力的刺激。正是儿童的精神可以决定人类进步的进程,也许它甚至还能引导人类进入更高形式的一种文明。

——《童年的秘密》,第 23 页

朱永新解读:

儿童是父母之子,然而又如蒙台梭利所说:"儿童是成人之父。"

我们在这里讲的儿童,并不是指纯粹肉体上的儿童。有些孩子年龄尚幼,却已经不是用儿童的眼睛看这个世界;相反,有些人可能年岁已高,但仍然童心未泯。真正儿童的伟大,在于用一双没有遭受污染的眼睛看这个世界,在于用一个没有任何功利的大脑思考这个世界。

所以,在儿童的世界里,天空是湛蓝的,森林是茂密的。作为成年人,我们经常应该在精神上重新回到童年,应该向儿童学习,永远保持一颗赤子之心。

应该关心儿童的现在

>> 每个人都只考虑儿童的将来，没有人关心儿童的现在。

——《家庭中的儿童》，第 56 页

朱永新解读：

蒙台梭利的这个判断一针见血。是的，我们经常打着为儿童未来着想的旗号，牺牲他们的现在。孩子的幸福有四种可能的组合：现在幸福将来幸福，现在不幸福将来幸福，现在幸福将来不幸福，现在不幸福将来不幸福。但是，我们恰恰经常选择第二种可能，而放弃了第一种可能。

我们不假思索地近乎盲目地认为，只有现在不幸福将来才能够幸福。其实，幸福永远在当下。对儿童来说，没有现在的幸福，就没有未来的幸福。儿童时期的快乐和幸福是无法通过后来的努力补偿的。亲爱的父母，关心孩子的现在吧，关心孩子当下的幸福吧！

幼儿教育是最关键的一环

>> 童年是人一生中最重要的发展阶段，道德的贫乏或精神上的疾病，都会对人造成致命的影响，其严重性堪比身体上的挨饿受冻。由此可知，幼儿教育着实是人类发展教育过程中最关键的一环。

——《家庭中的儿童》，第 57 页

朱永新解读：

儿童时期在人的一生中具有怎样的意义，无论怎么评估都不过分。儿童的许多行为，如哭泣、尖叫、无礼、羞怯、不听话、说谎、自私、破坏等，往往是他们出于自我保护而采取的负面行为。父母们经常采用体罚等严厉的方法，希望改掉这些毛病，却不知道儿童这些行为背后的真实原因，结果往往事倍功半，甚至错上加错。其实，关键是要审视儿童的这些行为背后道德上的失调或者精神上的错乱。

蒙台梭利要求父母们要"更加小心谨慎地全面了解可能泯灭儿童精神的原因，并且融入儿童的世界，与儿童保持和谐融洽的关系"，这对于我们是非常有启示的。

亲爱的父母，眼睛不要总是盯住孩子的错，而要发现他们的美。

帮助每个孩子充分地发挥潜力

>> 我们无法造就一个天才。我们只能帮助每个孩子充分地发挥他们的潜力。

——《有吸收力的心灵》，第 71 页

朱永新解读：

　　天才是无法造就的。早期的行为主义心理学家华生曾经说过：给我一打健全的儿童，我可以把他们培养成律师或者教授，盗匪或者无赖。这个有些夸张的说法遭到了许多人的批评，但是他重视环境与教育的力量本身，这种想法是有合理性的。

　　其实，人的潜力没有边际。如果每个人真的能够把自己的潜力充分发挥出来，基本就是常人眼里的天才。新教育实验提出，无限相信人的发展潜力，就是要充分相信每个孩子。每个人来到这个世界，总有自己的特殊使命。如果每个人都能找到自己的使命，完成自己的使命，这也就是一个最大限度地挖掘自身潜力的过程。在不断实现自己的生命价值的同时，也就离天才不远了。

儿童的需求并非只是身体的需求

>> 儿童的需求并非只是身体的需求，心智与人格上的需求也同样重要，甚至更崇高。对人而言，愚昧比营养不足和贫困更致命。

——《人的成长》，第 115 页

朱永新解读：

中国当下的物质条件较优裕，孩子们基本很少为温饱担忧了。相反，一个个小胖墩的出现，从另外一方面反映了我们过分重视儿童的物质生活。

的确，我们的父母和老师为孩子身体的考虑远远超出了为他们的心灵的考量，对身体需求的满足远远超出了对心智与人格上的需求的满足。

亲爱的父母，正如蒙台梭利说的那样，孩子的身心发展同样重要，在一定意义上讲，心智与人格的发展更加重要也更加崇高。因为，真正的贫困是精神的贫困，愚昧比营养不足更可怕，更致命。

学校应该能让孩子们安心

>> 蒙台梭利学校,是一个能让孩子们安心成长的地方。孩子能够在这儿释放自己被压抑的心灵,表达真正的自我。

——《发现孩子》,第 2 页

朱永新解读:

蒙台梭利认为,儿童是人类"最敏感而且最微妙的群体"。儿童能否健康成长,取决于他们能否有一个让他们"安心"的成长环境。所以,蒙台梭利把她倡导的教学法,称之为"保护儿童的教学法",这个教学法是针对儿童常常"不被了解,甚至连必要的需求也往往不能为成人社会所认可"而设计的。其根本特征就是让儿童真正地"安心",能够在这里充分释放自己被压抑的心灵。

亲爱的父母,家庭是孩子的第一所学校,你能够为孩子创造一个让他们"安心"的环境吗?

教育不应该让人变得轻信

>> 教育不应该让人变得轻信,而应该带给人们智慧。谁要把教育建立在轻信的基础上,谁就是想在沙漠里建高楼大厦。

——《发现孩子》,第167页

朱永新解读:

成人经常为哄住孩子而自鸣得意,岂不知,让孩子变得轻信,恰恰是教育的无知和成人的愚蠢。因此,蒙台梭利严肃批评了让孩子变得轻信的教育方法:"成人发展儿童想象力的时候,总想运用一种让孩子把虚幻当成现实来接受的方法。"如在拉丁语国家关于圣诞节送礼物的故事,说一个名叫比瓦娜的女人,翻过围墙,从烟囱钻进屋子里,把玩具送给那些听话的孩子,而淘气的孩子就只能得到煤块了。这样的故事表现的是成人的想象力,而不是孩子的想象。"我们会这样对待孩子,就是因为我们只需要孩子轻信我们。"

姑且不论我们究竟应该如何给孩子讲故事,以及讲怎样的故事,但是,不能够把孩子当作愚蠢的对象,由我们乱编故事糊弄打发孩子,让孩子变得轻信盲从,这是应该注意的问题。正如蒙台梭利所说,人们在逐步积累经验以后,思想就会逐步成熟,轻信就会慢慢消失。关键还是我们成人的引导。

发现和解放儿童是新教育的基本目的

>> 新教育的基本目的就是发现和解放儿童。与之有关的首要问题就是儿童的存在。其次是,当他日趋成熟时,给他提供必不可少的帮助。这意味着必须有适合儿童成长的环境。障碍物必须减少到最少,环境必须为那些发展儿童能量的活动的开展提供必要媒介。由于成人也是儿童环境的一部分,他们也应该使自己适应于儿童的需要。

——《童年的秘密》,第116页

朱永新解读:

蒙台梭利是欧洲新教育运动的重要代表人物。所以,我们的新教育、新父母与她多少有"亲缘"的关系。这也是新教育特别认同"发现和解放儿童"的重要原因。

蒙台梭利特别强调应该让儿童生活在一个不受拘束的环境中,让儿童自由自在地成长。所有的一切,都是为儿童准备的,小课桌椅,小型家具,所有的物体都是与儿童的身体相匹配的。

这样儿童才会觉得他是这个世界的主人。包括我们成人自己,也应该把自己变成儿童世界的组成部分,成为儿童成长的环境。

人本身才是教育的中心

>> 所有的教育改革都应该以人类的个性作为基础。人本身才是教育的中心，人类不只是在大学里获取知识，而是在一出生时就开始了学习的过程，特别是在出生后的最初3年里获取的知识最多、最密集。在这段时间里，我们应更多地去关注儿童。如果我们遵循了这条原则，儿童就不会是一种负担，他们会向我们展示出自然的伟大与神奇。

——《有吸收力的心灵》，第5页

朱永新解读：

人是大自然最神奇的创造，人也是教育最神奇的创造。这里讲的教育，不完全是学校教育，而是包括了家庭教育、社会教育和自我教育在内的大教育。在大教育的视野内，人是教育的中心，所有的教育都是围绕人展开的。

在人的成长历程中，早期的经验具有特别的价值与意义。在这个时期，儿童们"凭借自己的天赋不知疲倦地学习着，而且严格地遵守时间，最后长成宇宙中最为神奇的作品——人"。身为父母和老师，我们要清晰地意识到，"我们面对的并不是只需要帮助的人，也不再是等待我们传授智慧的人"。所以，要"像奴仆侍候主人一样，协助他们顺利地完成这一进程"。

亲爱的父母，所谓以人类的个性作为基础，就是要我们认识、顺应并且尊重儿童的天性，帮助他们完成儿童时期特殊的成长使命。

为儿童准备一个适合其生活的环境

>> 要想彻底地解决教育问题，采取措施的第一步绝不该针对儿童，而应针对成人。首先，成人须理清自己的观念，摒弃一切偏见，改变其道德上秉持的不正确态度。接下来的步骤就是为儿童准备一个适合其生活的环境，一个无阻碍的学习空间……以上两个步骤，是奠定成人和儿童的新道德基础所必须要做的。

——《家庭中的儿童》，第145页

朱永新解读：

　　既然儿童的许多问题都是成人造成的，那么，要想彻底解决教育问题，首先就要解决成人的问题。理解儿童是教育儿童的前提，所以，成人最重要的任务就是学会理解儿童，学会抛弃关于儿童的各种成见。其次就是为儿童准备一个适合其生活的环境，在这个环境中，儿童能够得到必要的自由与解放，得以克服一切困难，并且"开始显露出他的非凡特质——人格中更高级、更纯粹的人类倾向"。事实上，只要我们为儿童准备了适合其生活的环境，他们就会表现出非凡的创造性，就会展现出前所未有的安静平和。

　　亲爱的父母，要教育孩子，首先要教育我们自己。要取得良好的教育效果，要从为孩子创造一个适合的环境开始。

儿童自身隐藏着一种生气勃勃的秘密

>> 没有一个人能预言，儿童自身隐藏着一种生气勃勃的秘密，它能揭开遮住人的心灵的面纱。儿童自身具有某种东西，一旦被发现它就能帮助成人解决他们自己的个人和社会问题。正是这个东西，能为新的儿童研究奠定基础，从而能极大地影响整个社会。

——《童年的秘密》，第 24 页

朱永新解读：

在世界所有的科学中，最遥远的星际首先引起了我们的关注，天文学成为科学家族的老大哥。而离我们最近的人的心灵，对我们来说依然是知之不多的相对陌生的领域。也许，这个突破口应该在孩子身上实现。

100 多年前，弗洛伊德的精神分析学发现了意识之外的潜意识，打开了一个小小的窗户。但是，我们仍然没有进入儿童的世界。儿童的神秘正是他的伟大之处。

我们还是怀着敬畏的心理对待儿童，对待这个神奇的世界吧！这个世界，一切皆有可能。在这个世界，奇迹随时发生。

受物质奴役的小孩会深感自卑

>> 没有人可以光靠面包活下去,这句话用在一个人的童年生活上是再适合不过的了。物质在此阶段是最不重要的,而且物质可能导致任何年龄的人堕落。受物质奴役的小孩和大人,都会深感自卑,尊严尽失。

——《蒙台梭利儿童教育手册》,第149页

朱永新解读:

蒙台梭利不止一次地强调,儿童的身心成长不可偏废,千万不能够只想着保护孩子娇小柔弱的身体,只记得给孩子衣食温饱。"与所有人类一样,孩子本身也有其独特的人格。孩子那神奇而富有尊严的创造力绝对不能被人抹杀,孩子纯真敏感的心灵,更需要我们小心翼翼地呵护和照顾。"而且,更重要的是,如果仅仅关注儿童的物质生活,很可能导致儿童的性格缺陷,产生自卑等心理问题。

亲爱的父母,记住,仅仅给孩子面包是不够的,他们的心灵更需要父母用智慧来滋润。

让孩子学会克服困难

>> 虽然说懂得克服小过失、小困难,并不一定能让人达到完美的境界,然而那种知道自己有能力克服缺失,而且能够度过困境的精神感受,具有振奋人心的效果,进而促成一股鼓舞的力量。

——《蒙台梭利儿童教育手册》,第 174—175 页

朱永新解读:

及时克服困难,会增强孩子的自信心。孩子们依靠自己的力量,而不是依靠成人的力量克服困难,对于孩子来说是一件特别振奋人心的事情。蒙台梭利认为,正是这样的力量,让生活中的许多小困难,对于儿童来说变得微不足道。

儿童在遇到困难时,父母和老师并不是袖手旁观、不闻不问,而是要帮忙帮得不显山露水。蒙台梭利的忠告是:"我们一定要帮助孩子摆脱缺点,但又不要让他觉察到自己的不足。"因为这样才不会打击孩子的自尊心和自信心。所以,巧妙地帮助孩子克服困难,是做父母和老师的教育艺术之一。

人类生命的第一页仍然是空白的

>> 在人类文明的历史上,应该有一页前言,这页前言详细记载着成人用什么样的方法帮助新生儿适应他所降临的新环境。只是,这一页前言并不存在。人类生命开始的第一页仍然是空白,因为还没有人试着去了解一个新生命的迫切需要。

——《家庭中的儿童》,第 13 页

朱永新解读:

蒙台梭利认为,人类对新生儿总体来说是"盲目无知"的,这正是人类对于自己生命认识的一个盲点。新生儿来到这个世界,人们关心的只是他有没有呼吸,是否还活着。很少有人会觉得新生儿也像母亲一样经历了艰苦的磨难,很少有人会认识到新生儿从来没有被触摸过的小小身躯是多么敏感。当然,也就更少有人会真正懂得,新生儿最迫切的需要是什么。

亲爱的父母,努力尝试了解孩子的需要吧,这样不仅能够更好地爱护自己的孩子,也是在努力填补这人类空白的第一页。

快乐不是教育的唯一目标

>> 快乐不是教育的唯一目标,一个人应该通过教育获得能力和性格上的独立。只有这样,他们才能掌控自己的命运。这也正是儿童在童年时代的发展所带给我们的启示。

——《有吸收力的心灵》,第 129 页

朱永新解读:

3 岁以后的儿童,探索世界的热情远远超过了玩具对他们的吸引力。对于这个时期的儿童,需要给他们一个属于自己的小小的世界。所以,在蒙台梭利的"儿童之家",准备了许多小小的物品与工具,小桌子,小椅子,小盘子,小碗,小扫帚,小脸盆,小房子,等等。儿童在这样的世界里,就能够得心应手。她告诉我们:"在儿童心里,这些与现实生活中的真实事物相似的各种物品比玩具更有意思。"

亲爱的父母,请给你的孩子建一个属于他的"小人国"吧。他是这个小人国的国王,也是这个王国的建设者。他建设的这个小小世界,丰富着他的小小心灵,长大后,就会在大大世界里创造出多多美好。这样才能像蒙台梭利说的那样,不仅是给儿童带来了快乐,还为他们推开了成长的大门。

第一个原则是帮助生命

>> 帮助生命,这是第一个原则,也是基本原则。

——《人的成长》,第 25 页

朱永新解读:

生命,是大自然最神奇的创造。生命的成长,是宇宙间最神秘的过程。

帮助生命,就是要按照生命成长的节律,在需要的时候给予及时的协助和指导。

帮助生命,就是要尊重生命原本的可能,不要把我们的意志强加给孩子。

帮助,就是帮忙与协助,牢记所有活动的主体都是孩子。我们只有成为孩子的伙伴和朋友,才能够真正地走近他们,才能够真正地帮忙和协助。

儿童是爱的源泉

>> 我们要让这个世界更加和谐,就应当更多地去思考爱,去研究爱的内涵。人们的温情和怜爱将在儿童的身上聚焦。可以说,这种对儿童的爱将笼罩全人类。儿童就是爱的源泉,关于儿童的所有话题都关系到爱。

——《有吸收力的心灵》,第224页

朱永新解读:

爱是世界上最伟大最高尚的情感。蒙台梭利认为,每个人的内心都蕴藏着爱,爱的力量一旦醒过来,就一定能够拨动人们的心弦。无论我们是什么种族,有什么宗教信仰和社会地位,在共同关注与儿童有关的话题时,就会轻易地结成"一种友好而团结的关系,对彼此的戒心就会随之消失,甚至日常生活中人与人之间、团体和团体之间的隔阂也不见了"。

儿童因爱而存在,爱因儿童而广博。我们应该把这种对儿童的爱扩展到周围的人,扩展到社会。当每个人都能"幼吾幼以及人之幼"之时,也就是大爱满天下之日。

把美的东西都汇集在学校

>> 如果我们希望学校能够成为"观察人类生活的实验室",那我们就一定要把美的东西都汇集在这里,这就如同细菌学家在实验室里,为了培养杆菌就要备好炉子和土壤一样。

——《发现孩子》,第 93 页

朱永新解读:

蒙台梭利一直坚持,"学校应该成为孩子自由自在生活的地方"。也就是说,孩子们应该在学校里享受到精神的自由,找到"成长和发育的最好条件"。这个最好条件,就是学校应该成为汇集美好事物的中心。她批评了许多学校墙上没有一点儿装饰,家具也是白色的,看起来像进了医院。而另外一些学校看起来像一座座坟墓,黑色的课桌就像灵柩一样,一行行地排列着。

在学校、家庭,我们往往过分强调了教育的内容,对环境的问题重视不够。事实上,环境美丽的地方才是适合生活的地方,环境本身也是教育的内容。把学校和家庭建成最美丽的地方,对儿童的学习无疑大有裨益。

童年构成了人一生中最重要的部分

>> 儿童并不是一个只可以从外表观察的陌生人。更确切地说,童年构成了人一生中最重要的部分,因为一个人是在他的早期就形成的……

成人的幸福是与他在儿童时期所过的那种生活紧密相连的。我们的错误会落到儿童身上,给他们留下一个不可磨灭的痕迹。我们会死去,但我们的儿童将承受因我们的错误而酿成的后果。对儿童的任何影响都会影响到人类,因为一个人的教育就是在他的心灵的敏感和秘密时期完成的。

——《童年的秘密》,第 21—22 页

朱永新解读:

是的,我经常说,童年的秘密我们远远还没有发现,对于我们来说童年其实还是一个黑匣子。

童年对于一个人的一生来说意味着什么?蒙台梭利认为童年决定了一个人一生的生命走向。正如中国古人曾经有过的天才式猜想:三岁看大,七岁看老。

人是他自己经验的产物。他遭遇什么,就会成为什么。童年之所以如此重要,是因为儿童处在一个"吸收力"最强的敏感时期,他的心灵向着所有的世界敞开,美好的将造就美好,丑陋的将形成丑陋。所以,童年的幸福将奠定一生幸福的基础。

我们应该时刻提醒自己,我们不仅是在养育我们的孩子,而且是在为一个新的生命奠基。我们所做的一切,都会在孩子的身上留下深刻的烙印。而且,我们对自己孩子的影响,绝对不是一个简单的个体行为,它甚至会影响到人类的未来。因为,未来,属于今天的孩子。

鼓励孩子们学会与人相处

>> 人们总是生活在社会环境之中,其中总有一些特殊的精神力量发挥着重要的作用,从而构成了社交活动的种种关系。如果一个人不能适应他周围的环境,他就无法学会了解自己,也不能正常发挥自己的潜能。新式的教育理论正是注意到了这一点,才呼吁人们重视培养孩子的社会生活能力,鼓励孩子们学会与人相处,并将此作为其理论的核心之一。

——《发现孩子》,第174页

朱永新解读:

家庭与学校不仅是一个学习知识的地方,更应该是一个学习做人的场所。蒙台梭利批评当时的社会,孩子们都生活在成人的世界之中,无法找到适合自己的环境。而对于儿童来说,一个适合自己成长的环境是非常重要的。在这个环境中,儿童学会与别人和谐相处,学会认识自己,发现自己。所以,她不同意让孩子们消极地适应环境,而主张创造一个适合孩子的环境。

蒙台梭利把她的理论称之为"新教育理论",当时正是19世纪末20世纪初欧洲新教育运动风起云涌的时候,尊重儿童个性成为新教育的鲜明特征。当下中国的新教育实验,自然也传承了这一伟大的精神,主张创造适合孩子成长的环境。

每个人都站在同一起跑线上

>> 人类具有学习的天赋。我们可以通过学习掌握各种各样高难度的动作技巧，比如，体操运动员、飞行员、舞蹈演员、音乐家、钢琴家等就是如此。但这些却不是在运动器官成熟过程中自然而然形成的，而是从运动经验和实践中获得的，换句话说，这一切都是教育的结果。出生那一刻，每个人都是站在同一起跑线上的，是人们自己将各种技巧发挥到极致的。

——《有吸收力的心灵》，第 56 页

朱永新解读：

人是所有动物中运动能力最薄弱、遗传最少的动物之一。其他的动物，在出生之后就可以行走、快跑、跳跃等，甚至能够很快学会一些高难度的动作。人类却连抬头、行走这样简单的动作，也要经过较长时间的学习才能够掌握。

但是，人有很强的学习能力。通过学习，人类可以学会其他动物无法学会的高难度技巧，如驾驶飞机、演奏钢琴等，这些都是经过艰苦的训练才能够掌握的技能。

蒙台梭利认为，人类在这些技能面前是平等的，经过训练，每个人都能够把这些本领掌握得非常熟练。迄今我们还无法验证蒙台梭利的判断，无法断言这些技能是否与人具有的先天因素或者优势有关，但是有一点可以肯定：没有艰苦的训练，永远无法成就任何伟大的专业人士，无论是运动员、飞行员，还是舞蹈演员、音乐家、钢琴家……

尊重生命发展的规律

>> 生命可分为不同的阶段，每个阶段都在自然规律的引导下发展某些能力。如果不尊重这些规律，个人的建构会变得异常或扭曲；但如果人们能欣赏并依循发展规律，尊重儿童的建构，就能看到前所未有的惊人特征，并从中渐渐感受到引导人类心智建构的内在神秘能力。

——《人的成长》，第 98 页

朱永新解读：

生命的发展分为若干不同的阶段。如皮亚杰就把儿童的认知发展分为感知运动阶段（0—2 岁）、前运算阶段（2—7 岁）、具体运算阶段（7—11 岁）和形式运算阶段（11 岁至成人）。每个阶段有不同的任务与特点，如在感知运动阶段，儿童开始有模仿、记忆与思考，开始认识到东西藏起来看不到并不是不存在了，等等。父母和老师的任务，就是能够尊重儿童在不同发展阶段的特点和规律，有针对性地开展教育。特别是要尊重儿童自我建构的能力，这样才能事半功倍。

教育必须认识和理解人

>> 教育必须以心理学为基础,保护孩子的个人特质。此外,教育还要对人类的文明有清楚的认识和深刻的理解,使人在保护自己的人格不受混乱的外部环境侵害的同时,成为一个真正的人——知道自己在历史上处于何种位置的真正的人。

——《人的成长》,第 16 页

朱永新解读:

教育有三个重要的基础:哲学、心理学和伦理学。

哲学,解决教育本质问题,研究教育的根本问题,什么是教育,教育的根本目的是什么?为教育提供基本的世界观。

心理学,基于对人的了解和研究,解决教育的方法论问题。

伦理学,解决教育的价值追寻,为社会培养什么样的人才。

三个基础中,最基础的是心理学。因为教育需要建立在对人的了解和研究的基础之上。只有掌握人的身心发展的基本特点与规律,教育才能够有效率,有效果。当然,人不可能超越他所处的时代,所以对人所处的时代也应该有清晰的认识。

一句话,教育学是人学,教育应该以心理学作为基础。无论是老师还是父母,心理学是我们走进儿童世界的一把钥匙。

好课程传递现代文明

>> 随意拟定的课程大纲或课程不能够实现传递现代文明的重任。我们需要的是另一种课程,这种课程能够使人以宇宙观的视角来了解历史和人类生命的进化,了解自身在现代社会所处的地位。今天的教育如果不是用来帮助人认识他所必须适应的环境,又有什么意义呢?

——《人的成长》,第 16 页

朱永新解读:

新教育实验非常重视课程对人的发展和文明的传承的价值。课程的丰富性决定了生命的丰富性,课程的卓越性决定了生命的丰富性。课程,其实是一个重要文化选编。也就是说,我们把什么样的内容教给我们的孩子,决定着我们把什么样的文化传承给我们的孩子,决定着我们把孩子带向何方。因此,课程应该是教育活动中最关键最重要的内容,应该精心组织深入研究。

其实,就某种意义而言,家庭生活也同样是一种课程。作为父亲母亲,或许我们没有精力和能力去深入了解课程的研发,但是亲爱的父母,我们有必要记住一个重要理念:让我们和孩子一起围绕在伟大事物的周围。这样长期坚持,其实就是在日复一日的生活中,潜移默化地形成一个伟大的家庭课程。

第一步就是唤醒孩子

>> 在我们的教育方法中，我们必须做到的第一步，就是唤醒孩子们：唤醒他们的注意，唤醒他们内在的生命，唤醒他们对生命的激情。
> ——《蒙台梭利的儿童教育方法》，第 46 页

朱永新解读：

所谓唤醒，就意味着有些东西是沉睡在孩子们的身体之中的。我们不是把这些东西从外在强加给他们，而是循循善诱地帮助孩子们自己寻找和发现。如在蒙台梭利学校，为了让孩子们注意到身体的不同部分，他们分别采用不同的方式进行清洗：用清水洗眼睛，用肥皂水洗手，用牙刷刷牙，等等。在这个过程中，让小一点的孩子学会自己照顾自己，并且鼓励大一点的孩子帮助小的孩子。

这不仅是唤醒孩子们对自己的身体加以注意的过程，其实也是唤醒他们内在生命激情的过程。

第二章

人生最重要的时期是 0—6 岁

导语

　　中国有句古话"三岁看大,七岁看老"。这与蒙台梭利在"儿童之家"通过教育实践观察所得出的结论不谋而合。当代心理学家也已经证实了儿童发展的关键期。成人必须投入全部的心思和精力去陪伴、支持和教育儿童,这个时期的顺利发展,会让儿童拥有健康的人格与心理,优秀的品质与能力,收获人生的幸福与意义。

0—6岁 人生最重要的时期是

>> 人生最重要的时期是0—6岁这一阶段,而并不是大学阶段。因为,人类的智慧是在这个阶段形成的,而且人的心理也是在这个阶段完成发展并定型的。

——《有吸收力的心灵》,第17页

朱永新解读:

人生每个阶段都很重要,都有自己特殊的发展任务。但是,就总体而言,对于0—6岁的重要性远远没有形成全社会的共识。我们对婴幼儿的身体与心理发展缺少必要的理解与把握。其实,就出生之初的显性能力而言,人是不如其他动物的,比如小猫小鸟一出生就能够发出与成年猫和鸟一样的声音,婴儿却只能够用哭声表达自己的情绪。但是,人的基本能力,都是在婴幼儿时期形成的。所以中国古代有所谓"三岁看大,七岁看老"的说法。

亲爱的父母,婴幼儿时期是一个神秘的时期,是一个必须投入你的全部心思和精力的时期。这时的教育,完全由父母决定,这是为孩子的一生奠基的关键时期。

人类的所有东西都是在儿童阶段形成的

>> 人类的所有东西都是在儿童阶段形成的,特别是在人生的最初两年里形成的。儿童不仅要认识周围的事物,理解同时适应周围的生活,而且其中还有一些东西是成人无法教授的,比如智慧、信仰和民族与社会特有的情感等,这些都形成于这个阶段。

——《有吸收力的心灵》,第4页

朱永新解读:

童年本身就是一所学校,我们习惯性地把小学前的教育称为"学前教育",实在有些不可思议。因为,这个阶段的学习,恰恰是一生中最富有成效的黄金时期。

蒙台梭利认为,人类的所有东西都是在儿童阶段形成的,特别是在人生的最初两年形成的。这种言论虽然有些武断,但是却十分值得玩味。儿童的"无师自通",的确让我们成年人自叹不如。蒙台梭利说,大自然好像能够使儿童不受成人推理方式的影响,而用儿童自身的内在学习方法顺利地完成他们的学习。"在成人所谓的智慧占据和改变儿童的内心以前,儿童就将他们的心理构架建设好了。"

的确,正如有些心理学家说的那样,儿童用3年时间学会的东西,我们成年人可能要花60年的艰苦学习才能够完成。儿童如此强大的学习能力,我们虽然还不知道它的运行机制,但它的存在显然毋庸置疑。亲爱的父母们,请不要忽视3岁前的黄金岁月。

不能够剥夺儿童必要的生活经验

>> 我们应该想想，儿童生命最初的几年是怎么过的。他被限制在家里，里面只有不能打破、不能弄脏的东西，儿童根本动弹不得，更没有机会练习控制自己的身体，学习使用日常生活中常用的东西。许多必要的生活经验就这样被剥夺了，儿童的生命也将因为这种缺失而受到影响。

——《家庭中的儿童》，第 93 页

朱永新解读：

儿童是在生活中学会生活的，必要的生活经验是儿童学会生活的基本前提。蒙台梭利举例说，许多父母担心孩子会打碎碗或盘子，就给孩子铁制的碗和盘子，这样虽然不会被打碎了，但是"反而会让儿童像着了魔似的，更想把碗盘往地上丢"。

其实，对儿童来说，经历就是财富。打碎饭碗、弄脏衣服等，都是很重要的体验，这样才能够让他们以后更加注意，他们的能力也才能得到锻炼，真正的成长也才能够实现。

6岁以前极为关键

>> 6岁以前的时间对于儿童来说是极为关键的,因为"布"是在3—6岁这段时期内织成的。儿童在这时候所获得的各种能力将陪伴他们一生。具体来说,他们走路的方式、做事的风格都会形成一定的模式,融入他们的性格,成为稳定的特征。

——《有吸收力的心灵》,第138页

朱永新解读:

蒙台梭利认为,儿童时期是人的各种能力形成的关键时期,儿童具有获取自身技能的动力,周围人的行为都会对儿童产生一种刺激,儿童会在模仿这些行为的过程中形成自己的能力。如果把儿童的语言能力称之为"布"的话,构成这些能力的基础就是"经线",如富有韵律感的词汇的声音等。这些"布"一旦织成,就会伴随他们的一生。蒙台梭利指出,3—6岁是儿童的口音定型期,一旦形成就很难改变,"就算他们以后成为大学教授,经常使用专业词汇,也无法改变他们的口音"。

亲爱的父母,儿童是从周围的人身上获得这些"经线"来织布的,我们应该努力为他们提供尽可能规范的行为范本,让孩子用最好的线织出最美的布。

婴儿大脑富有极大的创造力

>> 在婴儿时期,大脑并没有沉睡,它以一种跟成人完全不同的方式来完成一个特殊的成长步骤。婴儿大脑具备一种不同于成人大脑的力量,它富有极大的创造力。同时,他们需要每时每刻都做好身体的准备,为智力的发展打下基础。

——《有吸收力的心灵》,第 18 页

朱永新解读:

心理学家经常把大脑称为黑匣子,我则把童年本身作为黑匣子。在这两个黑匣子面前,我们人类迄今已破解了一定的信息,但总体仍然显得无能。

婴儿时期,不仅完成了发音器官的生长发育,还掌握了一定的语言。与成年人有意识的学习完全不同,这些都是在不知不觉之中完成的,儿童是在无意识状态下完成了这项伟大的工作。用蒙台梭利的话来说,就是"儿童具有这种天赋的无意识智慧,它帮助婴儿获得了成长与进步"。

亲爱的父母,在我们还没有真正打开儿童与大脑两个黑匣子之前,还是小心翼翼地呵护他们的成长吧。

儿童1岁半是教育的转折点

>> 儿童1岁半的时期是一个令人感兴趣的年龄段,这是教育上一个关键的转折点。在这一时期,儿童的上下肢开始为了进一步的协调做准备,他们的个性也开始发展,为了迎接随后到来的2岁的"语言爆发期",他们开始努力表达自己的思想。总之,这是一个不断努力、具有建设性意义的特殊时期。

——《有吸收力的心灵》,第120页

朱永新解读:

1岁半的儿童,已经初步完成了他的第一次革命性的任务:在生理上断乳,摆脱了对母亲物质上的依赖;在行为上独立,能够自己行走,摆脱了大人的搀扶帮助。这个时期的儿童,对外部世界充满了向往和憧憬,他们会不断地挑战自己,尝试着做各种各样的事情。我们要为此时的孩子提供更多尝试的机会。所以,蒙台梭利称这个时期为"不断努力、具有建设性意义的特殊时期"。他主张,在这个时期,不要打乱儿童生命的自然发展规律,为儿童提供恰到好处的帮助。

这个时期语言快速发展,为2岁的"语言爆发期"做好必要的准备也是非常重要的。父母应该尽可能与孩子对话,提供丰富的语言环境,帮助孩子准确表达自己的想法。

三年可能决定一生

>> 在出生后的 2—3 年内,儿童所受到的影响可能会决定他们的一生。在这期间,如果他们受到伤害、暴力或其他不良的影响,其性格就有可能发生偏离。

——《有吸收力的心灵》,第 147 页

朱永新解读:

蒙台梭利认为,儿童身上的许多缺陷都不是天生的,孩子之间本来并没有太大的差异,他们身上的不正常的表现"都源于儿童的心理没有获得充分的滋养"。她把人从出生到 18 岁分为三个阶段,0—6 岁,6—12 岁,12—18 岁,每个阶段再分为两个小阶段。其中最关键的是 0—3 岁这个阶段。

如果儿童在这个阶段的发展遇到障碍,就有可能导致他们的性格偏离正轨;如果这个阶段能够自由发展,他们的性格就会正常发展。因此蒙台梭利要求父母们从怀孕时期就开始拥有健康的生活,不要酗酒、吵架,采用科学的方法对待孩子,让孩子在最关键的时期得到最好的呵护。

亲爱的父母,成为父母是人生幸福的时刻,更是神圣使命的开始。为了孩子,首先需要我们自律,并且开始新的学习。

3—6岁是儿童"建设性完善"的时期

>> 3—6岁这一时期就是一个儿童通过行为对自己进行"建设性完善"的时期。此时，儿童的大脑还具备了不知疲倦地从周围的环境中吸收、学习的能力。而这种能力因为有了主动经验的帮助，变得更加丰富了。儿童现在不只是能够发挥感受能力的作用，对身边的事物进行感知，还能够自己亲自参与到其中。

——《有吸收力的心灵》，第127页

朱永新解读：

3岁以后，儿童有意识地去研究自己所处的环境了。因此，儿童就进入了"一个真正的创造、建设的时期"。如果说3岁前儿童的活动更多的是受内在的"非人为力量"控制的话，那么，到了这个阶段，儿童已经能够自主地感觉和控制自己的活动。他们开始调动全身的力量，尤其是手的力量，去改变这个世界。所以，蒙台梭利告诉我们，这个阶段的儿童总是表现出非常忙碌的样子，不停地做这做那，而且感到非常快乐。

亲爱的父母，如果你的孩子正处在这个阶段，你应该为他欣慰，为他的探索提供各种便利与支持，不要害怕他们在探索过程中造成的"破坏"。这种"有目的的行动"正是他们探索世界的方式。孩子未来的世界，需要这样的行动。

3—6岁是性格发展的关键时期

>> 3—6岁是性格发展的关键时期，如果没有阻碍的话，每个孩子都会依自己的法则去发展。

——《蒙台梭利儿童教育手册》，第20页

朱永新解读：

蒙台梭利的这个判断，与中国古人的"三岁看大，七岁看老"有异曲同工之妙。精神分析学家经常喜欢追溯到人的童年生活，可见儿童早期的经历与遭遇，儿童早期的教育，对于他们的性格形成有着重要影响。虽然现代心理学和脑神经科学还没有确凿的证据可以说明人的性格是在3—6岁形成的，但毫无疑问，不可能像许多人认为的那样，性格形成的关键期在青少年阶段。

因此，亲爱的父母，我们不仅要关心孩子的身体发展，关心孩子的智力成长，更不能够忘记他们的性格养成。

婴儿时期的负面经历将会伴随一生

>> 我们从以往的经验中发现一个可怕的事实,那就是儿童在婴儿时期所遭遇到的负面经历将会伴随他的一生,并影响他未来的发展。人类胚胎期在母体内长成的阶段和后来在儿童期的成长变化,不仅影响其成人期的健康状况,而且对未来整个人类种族延续方面也起着决定性的作用。

——《家庭中的儿童》,第 13—14 页

朱永新解读:

儿童时期所遭遇的负面的经历,经常是我们成人自以为是造成的。蒙台梭利认为,由于缺少对儿童的真正了解,成人经常会在教养过程中犯错误。如很多被成人认为是"任性"的行为,恰恰是儿童"真性情"的表现。比如,两岁左右的儿童总是习惯于将物品永远摆放在熟悉的特定位置,每一样东西都有特定的使用方法。如果有人破坏了儿童熟知的这种秩序,儿童就会觉得非常不舒服。而成人常常会因为儿童的"固执"恼火。

所以,家庭教育最重要的前提还是了解和尊重儿童,如尊重儿童这种"守护规律和次序"的行为。尽可能不要伤害儿童,因为我们不知道,一个偶然的伤害,会对他们一生产生怎样的负面影响。

不要让孩子"生而痛苦"

>> 如果在出生后的早期,婴儿就对赖以生存的环境产生了一种畏惧感,他们以后的健康成长必将受到影响。这样的孩子将来就可能会形成桀骜不驯的性格,与社会格格不入。对于他们来说,从周围环境中学习、吸收经验永远是一个很难完成的使命。人们可以用这样一句话来形容这样的人:"生而痛苦。"

——《有吸收力的心灵》,第 59 页

朱永新解读:

按照蒙台梭利的理论,那些遭受"出生创伤"的孩子就属于"生而痛苦"的孩子,他们往往具有"回归子宫"的倾向。他们用长时间的睡眠和大声的啼哭,表达对这个世界的不满。稍大以后,他们可能会出现胆小、怕生、爱哭、懒惰、压抑、依赖等特征。早期潜意识中的负面内容已经根深蒂固地留存在他们的"记忆基质"中,成为性格的一部分。

亲爱的父母们,在婴儿的生命之初,让他们处在一个尽可能安全温馨的环境之中,让他们顺利实现从母亲子宫到摇篮的过渡,不仅对婴幼儿时期的哺育非常重要,对孩子的个性养成、健康成长也同样重要。

幼年智力发展初期显露出光辉

>> 人类在幼年智力发展初期所显露出的光辉,就像是太阳在拂晓时分所显露出的光辉,就像含苞待放的花蕾将要绽放一样,是非常美丽而富有希望的。谁也不知道它们的初次展现将会对其一生产生多重大的意义,但影响一定是巨大的。

——《蒙台梭利的儿童教育方法》,第22页

朱永新解读:

对儿童来说,他们最初表现出来的行为虽然可能有些幼稚,但却是最美丽的朝霞出现,拥有喷薄而出的潜在能量。所以,我们能够而且应该做的,就是"虔诚地尊重孩子们的个性所自然显现出来的第一次暗示"。这种"虔诚地尊重",其实就是给孩子最大程度的自由,"让他们能够以一个自由的状态表现自己的本性以及潜伏的能量,他们的自由应该是生动活泼的个性释放"。

亲爱的父母,请按照蒙台梭利的教导,不要去抑制孩子们生命的自发表现,不要蛮横地把我们的意志强加给孩子们。

守护儿童纯洁的心灵

>> 儿童的纯洁的心理状态所遭受的心理创伤是缓慢而持续的，人们从来没有认识到它们是成人精神病的潜在原因。对儿童纯洁心理状态的创伤是由一个处于支配地位的成人压抑儿童的自发活动造成的；通常跟对儿童影响最大的成人，即儿童的母亲有关。

——《童年的秘密》，第 26 页

朱永新解读：

精神分析学的出现，让人们认识到儿童早期经验的重要价值。但是，这仅仅是天才的猜测。儿童早期的遭遇究竟是如何影响人的一生的，精神分析学家没有告诉我们。正如我们的先人曾经告诉我们，"三岁看大，七岁看老"，但究竟为什么三岁能够看大，七岁能够看老，以及如何去看，生理学家、心理学家仍然在努力破译这些密码。

作为普通的父母，我们当然不必等待。大家需要知道的是，尽可能不要伤害儿童幼小的心灵，不要压抑儿童各种自发的活动。正如蒙台梭利所说，对儿童纯洁心灵创伤最严重的人，往往是他最亲密的人，尤其是他的母亲。

婴儿能捕捉最细微的发音

>> 在生命的最初几周,婴儿的听觉是发育最迟缓的器官,但婴儿此时又需要靠听觉捕捉语言中最细微的发音。所以,这时的耳朵不只是作为一个听觉器官在运作,同时受到特殊敏感期的引导,从环境中巨细靡遗地捕捉人类说话的声音。这些声音不仅被收集,还会引起声带、舌头、嘴唇等肌纤维的反应。然后一旦发声器官在某个时候觉醒,就能发出那些声音。但这并不是立即的反应,而是先被储存起来,等待语音爆发的那一刻。

——《人的成长》,第 90—91 页

朱永新解读:

　　儿童学习语言的历程非常值得研究和关注。蒙台梭利经过深入细致的观察发现,儿童是"在神秘的无意识中建构语言"的,而且全世界的儿童学习语言的机制都基本相同。无论是简单的非洲部落的语言,还是复杂的德语和俄语,都经过了相同的发展阶段,都是在 2 岁左右开口说话。在此之前,儿童通过他特有的细腻的听觉,辨别发音、语调、文法、修辞,最后实现语言的爆发。

　　既然儿童的语言通过观察与聆听获得,那么,父母和儿童周边的人如何说话就非常重要,应该尽可能清晰,尽可能规范,尽可能丰富。

3岁是儿童发展的重要分水岭

>> 3岁之前是儿童形成各种能力的阶段,3岁之后是儿童发展这些能力的阶段。一条界线把前后两个阶段截然分开。我们发现人们就如同跨越了古希腊神话中的"遗忘河"一样,很难记得3岁之前发生的事情,对2岁之前发生的事情就更没有印象了。心理分析学者一直在力图唤起人们对这一阶段的记忆。可是,几乎没有人可以想起3岁之前发生过什么。

——《有吸收力的心灵》,第126页

朱永新解读:

儿童世界有许多神秘的现象。3岁以前经历的记忆,就是其中之一。希腊神话中的"遗忘河",是冥府中五条河流之一,据说亡魂须饮此河之水以忘掉人间事。没有饮过遗忘河水的儿童,为什么对3岁前的事情无法回忆呢?经历了一个从无到有的创造性过程,为什么没有给作为当事人的儿童留下任何印记?

蒙台梭利认为,儿童的这个特征对于教育有着重要的意义。因为,正是这个特征,让3岁前后的儿童显得如此不同,"3岁之后的儿童,好像是出现在我们面前的另一个孩子"。这是因为在3岁前,儿童基本上是完全依附于成人的,他们没有清晰的自我意识,无法进行自我保护。但是,3岁后,他们开始有意识地介入这个世界,可以用语言和行为表达自己的态度。亲爱的父母,了解了这些,我们就应该更加有意识地尊重3岁的孩子,尊重他们对自我的初步表达。

高等教育不能去除婴儿时期形成的东西

>> 任何高等教育都不能去除一个人在婴儿时期形成的东西。由此,我们会发现在这一年龄段,社会教育是极为重要的。假如儿童在 3 岁之前因为一些障碍而使精神的发展偏离了正轨,那在 3—6 岁这一时期还能够得到补救。因为这时儿童还处在大自然对他们进行心理构建的末尾阶段。只要使用科学合理的教育方法,我们就能够拉近不同国家、种族之间的差距,让地球上的人类获得更加和谐的生活。

——《有吸收力的心灵》,第 138 页

朱永新解读:

少成若天性,习惯成自然。成年以后,很难改变儿童时期的许多习惯和个性,尤其是 3 岁前婴儿时期形成的东西,不过,如果在 3—6 岁努力补救,还是可以大有作为的。按照蒙台梭利的说法,儿童的心理构建此时正处于最后的关键时候,只要采取合适的办法,可以把孩子的不良习惯和个性拉回头。如果 6 岁以后再试图改变儿童,可能就会事倍而功半了。

亲爱的父母,如果你的孩子正处在 3—6 岁,不妨好好审视一下,他还有什么缺点是需要矫正的?此时耐心地帮助他,细心地呵护他,努力地矫正他的缺点,给孩子的一生奠定良好的基础。

柔弱无助的婴儿是一个谜

>> 人类性格的形成是一个看不见的过程,是一个被称之为"实体化"的过程。对我们来说,柔弱无助的婴儿是一个谜,我们唯一能够确认的一点就是他的将来有无限可能,但是没有人知道他会成为什么样的人,有什么样的成就。

——《家庭中的儿童》,第 28 页

朱永新解读:

一百年前,儿童是一个谜。一百年后,儿童依然是一个谜。我们对于儿童的认识,与一百年前相比,似乎没有多少改变和进步。

蒙台梭利说,每个孩子都带着各自独特的发展密码来到这个世界,拥有不同天赋、不同特长的孩子,"都以同样的方式被生下来"。这就是人的发展的不同可能性。她指出,《创世纪》中的上帝是按照自己的模样创造了人类,但我们成人千万不能够按照自己的意愿创造儿童。

亲爱的父母,儿童有其内在的发展逻辑。面对谜一样的儿童,我们尊重这个逻辑,敬畏不可测的神秘,能够让我们更懂得因势利导,从而协助孩子向更好的方向发展。

生命的最初两年最重要

>> 所有研究过儿童的人，都得到以下结论：生命的最初两年是最重要的，因为这两年奠定了一个人人格的基础。新生儿一无所有，又不会走动。但短短两年之后，幼儿便能说话、奔跑，理解和辨认环境中的事物，然后继续他的童年。孩子在这段岁月中将无意识的创造经验组织起来，并使它们成为有意识的能力。

——《人的成长》，第98页

朱永新解读：

生命的最初两年，如同一株植物深扎在地底的根，于无声无形中滋养着儿童。经过了这两年的准备，儿童往往会"突然地"长大。"洞中一昼夜，人间已千年"的神话，就是这样现实地在儿童身上演绎。

虽然我们还没能破译这两年儿童成长的内在机制，未能解读这两年儿童身心发展的密码，无法知晓儿童在这两年是如何积蓄能量，然后突然地开始说话、奔跑、理解事物，但是我们可以肯定，这两年的发展对儿童一生至关重要。

如果说，两岁前在儿童身上演绎的这些神话，更多来自蒙台梭利所说的"神秘的星云"的话，那么，两岁以后的岁月，儿童就会将这些无意识的创造经验，整合成有意识的主动构建。

亲爱的父母，不要因为孩子小而漠视他们的精神需要，要在这两年为孩子提供足够丰富的精神交流，为孩子的一生奠基。

婴儿遭遇的不良经历会影响一生

>> 我们从过去的经验中已经发现了一个可怕的事实,那就是一个人在婴儿时期所遭遇的不良经历,将会影响他一生的发展。可以说,胎儿在母体内的发育以及他出生后在儿童期的成长,都对一个人日后的发展具有关键的、决定性的影响。

——《发现孩子》,第 8 页

朱永新解读:

限于科学研究的水平和已有科学发现的成果,我们还无法确认婴儿早期所遭遇的不良经历会对人的一生产生怎样的影响。正如我们虽然说"三岁看大,七岁看老",却无法搞清楚,三岁如何看大,七岁怎样看老一样,儿童的许多秘密我们仍然无法解开。

但有一点是肯定的,那就是蒙台梭利说的,"胎儿在母体内的发育以及他出生后在儿童期的成长,都对一个人日后的发展具有关键的、决定性的影响"。

亲爱的父母,虽然我们不知道这些影响的机理,但我们需要记住,既然是"关键的、决定性的影响",我们就要慎重对待新生的婴儿,我们就要努力为孩子创造良好的早期成长的环境。

6岁是最重要的一个时期

>> 6岁是最重要的一个时期,到这时性格就已经形成了。它不是由于外在的榜样或压力,而是靠他的本性形成的。

——《蒙台梭利儿童教育手册》,第23页

朱永新解读:

6岁,在蒙台梭利理论的儿童发展阶段中是一个重要的分水岭。在这个阶段之前,儿童处于一个快速的成长期。她把成长中的儿童描述为像一块软蜡,具有很强的可塑性。她认为,虽然出生以后的三年非常重要,但6岁前儿童的性格总体上处于形成期。即使在前三年有一些性格上的缺陷,也可以在3—6岁治愈,3—6岁这个阶段是"调适与修正的时期"。对于儿童的大部分非官能性的问题,6岁以前都可以治愈,但6岁以后难度就会增加。

所以,亲爱的父母,请把握好6岁前这个良好的习惯与性格养成的关键时期,用心做好家庭教育,为孩子幸福的一生打下习惯和性格的良好基础。

第三章

**成长是一个
神奇的过程**

导语

虽然人类已经可以探索许多宇宙的秘密,但仍然没有完全揭开关于自身的谜底。虽然人的内在发展是一个谜,虽然人的成长是一个神奇的过程,但是这个神奇的过程具有一定的规律性,即生命的节律。教育就是俯身聆听生命的节律,让生命在理解、陪伴、支持和引导下生根发芽,开花结果。

成长是一个非常神奇的过程

>> 成长是一个非常神奇的过程。在这个过程中，有一种内在的力量启动了新生儿原本可以自主的身体。这个力量一启动，新生儿的手脚就开始运动起来了，还会开始学习说话。从此，新生儿不只是具有行动的能力，也具有了表达思想和意见的能力，这就是人的内化过程。

——《发现孩子》，第14页

朱永新解读：

蒙台梭利指出，应该把新生儿当作"心理胚胎"来对待，这是一种"包藏在肉体中降临到这个世界上的精神"。刚刚出生的孩子，"正站在人生旅程的起点"，处于成为"人"的开端。虽然我们经常感觉到新生儿什么都不会，什么都不能，但是这个关键的"心理胚胎"期，正是儿童孕育能量的时期，一旦启动了自身的内在力量，儿童就会一发不可收拾地往前走去。这的确是一个适应的过程。

亲爱的父母，用一种虔诚的、欣赏的心态对待新生的婴儿吧，他们的未来是没有边界的，他们的力量是不可估量的。做他们成长的陪伴者吧！

『有吸收力的心灵』

>> 儿童的学习经历了一种转型，知识不只是进入了他们的大脑，同时还促进了儿童大脑的形成，成为大脑的一部分。通过与周围环境的交流，儿童建立了自己的精神世界。他们的这种心理类型就是我们所说的"有吸收力的心灵"。

——《有吸收力的心灵》，第 20 页

朱永新解读：

"有吸收力的心灵"是蒙台梭利创造的一个关键词，也是她的代表作的书名，由此可见它在蒙台梭利教育思想体系中处于核心的地位。这是一个充满着想象力的词语。我们可以把儿童的大脑设想成一个强大的吸收器，外部世界的所有一切，不费吹灰之力就可以进入儿童的大脑之中、心灵之中。

所以，蒙台梭利也情不自禁地说，如果我们具有婴儿那样的心灵吸收能力，该有多好呀！我们就能在嬉戏玩耍的同时，学会一种新语言；我们就能像吃饭、呼吸一样，轻轻松松地学习知识。"在这样的学习中，我们感觉不到发生了什么变化，但学习的东西就像星辰一样会突然出现在我们脑子里，然后我们意识到新知识的存在。"她甚至设想，有这样一个星球，上面没有学校和老师，居民也不知道什么是学习。但是他们无时无刻不在学习，而且学会了许多东西。这不是浪漫的幻想，因为，这就是儿童的学习方式。

亲爱的父母，如果我们的孩子也能够在嬉戏玩耍中学习，学习不再是负担和压力，该有多好啊！而我们的家庭，不正应该是这样的所在吗？

儿童终将长大成人

>> 在一个三岁儿童的人生道路上有些什么呢？唯有成长。儿童终将长大成人，成为一个有用的人，我们必须尽一切所能帮助儿童不断地自我完善。

——《家庭中的儿童》，第 91—92 页

朱永新解读：

儿童的使命就是成长，我们的使命是帮助他们成长。

儿童成长的力量是顽强的，不可抗拒的。儿童的肉体终将成长为成人。但是，如何成为一个对社会有用的人，这种成长并不是自发的。儿童成长的情况如何，儿童终将成为怎样的人，与我们每个生活在他生命周围的人都密切相关，我们都是儿童生命发展过程中的"重要他人"。

无论是作为父母还是老师，我们的使命都是悄悄地成为儿童的守护者，在儿童最需要的时候出现，鼓励他们，支持他们，帮助他们。

儿童的创造力和潜能一直没有被人们重视

>> 几千年来,儿童真正的创造力和潜能一直没有被人们重视。自从在地球上出现和生存以来,人类从来没有考虑过蕴藏在自己身体中的巨大潜力,致使今天即使我们的文明取得了极大的进步,却没有发现婴儿的精神世界蕴藏着极为宝贵的财富。

——《有吸收力的心灵》,第 3 页

朱永新解读:

蒙台梭利认为,自从人类的生命出现在地球上以来,人类的潜能就一直没有受到应有的重视。正如哥伦布发现了新大陆一样,现代教育家、心理学家发现了儿童的新大陆。"这些没被采摘的果实具有极大的价值。它们的珍贵甚至胜过金子,因为它们是属于人类精神世界的财富。"

发现虽然具有革命的意义,但发现不等于拥有。所以,如何真正地开发儿童的潜能和创造性,如何按照生命的节律及时释放儿童的能量,如何因时因势利导,又不导致拔苗助长,是父母和教育工作者应该认真思考、慎重对待的问题。

儿童能够适应任何环境

>> 不管出生在沙漠、平原还是山地,甚至是出生在极地,儿童都能够适应那里的环境。他们出生与成长的地方正是他们喜爱的地方。

"具有吸收力的心灵"能够接受任何的事物,对一切事物都充满希望,不管贫穷还是富有,也不管什么宗教信仰,最终都将在儿童的身上体现出来。

——《有吸收力的心灵》,第 227 页

朱永新解读:

儿童的吸收力是巨大无比的。儿童来到这个世界,无论在什么样的环境中出生,他们都能够坚强地生存下来,在那个环境中渐渐长大,逐步适应生活。这种能力不仅是儿童自身发展的需要,也是社会发展和文化延续的需要。正如蒙台梭利所说,如果没有儿童的这种具有吸收力的心灵,所有的文化都无法获得稳定的发展,"如果所有的文明都在儿童出生之后重新开始,人类的文明就无法持续进步"。

相信孩子,相信儿童。相信种子,相信岁月。尽可能地提供美好的环境,帮助孩子更好地成长;尽可能地给孩子更多适宜的指导,帮助孩子更好地适应环境,是我们能够也应该做的事情。

人的内在发展依然是一个谜

>> 人的内在发展依然是一个无法进行预知的谜。我们可以说的是，人类的发展一直都要经历一段需要时间的内在构建过程，就像一件伟大的艺术品在呈现于大众以前，艺术家一定要先在他安静的工作室内进行一番用心的精雕细琢。

——《发现孩子》，第 15 页

朱永新解读：

的确，人本身就是一个谜。人类已经可以探索许多宇宙的秘密，但是仍然没有完全揭开关于自身的谜底。几千年前人类就发出了"认识你自己"的呼唤，但是我们朝向这个目的地行走多年，却始终在路上。

虽然人的内在的发展是一个谜，但是这个内在的过程一定充满了神奇，具有一定的规律性。亲爱的父母，在我们对人的发展还不是充分了解的情况下，不妨怀着几分敬畏吧！

无法了解的神秘世界 新生儿的心灵是我们

>> 我们对新生儿的态度不应该是一种怜悯,而应该是对创造的神秘的崇敬,不应该使一个有精神的人一直被限制在我们的感知范围之内。

——《童年的秘密》,第 38 页

朱永新解读:

父母自己虽然是从儿童而来,经历了孩子所经历的一切,但是他们从成人的本能上会拒绝向孩子学习。而且他们的经历往往是未经省察的,所以在这个意义上,儿童对他们来说仍然是陌生的。他们必须从真正意义上回到童年,向这个神秘的小生命学习和致敬。

新生儿与其说是父母创造的生命,不如说是自然赐予父母的小小神灵。他是父母的一部分,也是世界的一部分,是父母与神秘未知联系的纽带。如果我们能够真正带着谦卑的心,尊重这个小小的神灵,能够向他学习,与他共同成长,那么父母也将跟随孩子一起,到达一个全新的世界,那时,幸福的家庭也就唾手可得。

新的生命有着神秘的本能

>> 当一个新的生命诞生时,它自身包含了一种神秘的主导本能,这将是它的活动、特性和适应环境的源泉。

——《童年的秘密》,第 34 页

朱永新解读:

每个生命都是有节律的,每个生命都会按照自己的逻辑去展开,就像每朵花都会按照自己的季节去绽放一样。

所以,尊重生命自己的节律和它的逻辑,按照孩子认识这个世界的方式,让孩子像一个发现者、探险者一样去发现世界之美、创造新的美好,不要把他们暂时还不需要的东西强塞给他们。

不要给他们建造一个违反生命节律的温室,在温室里成长,会快一些。但是,一旦回到生命自己的季节、回到自然的风雨中,他的生命就会比正常成长的更容易枯萎。

这就是我们一直强调的:不要拔苗助长。

儿童拥有巨大的能量

>> 儿童拥有我们尚不知如何运用的巨大能量。

——《人的成长》,第 98 页

朱永新解读:

我多次讲过,在成人面前,儿童还是一个"黑匣子"。儿童的秘密,我们远远没有发现。儿童像一个外星来客一样,拥有着我们无法想象的巨大能量。只是因为我们对此一无所知,所以我们不仅不知道如何使用,甚至会不自觉地抑制这些能量的发挥。

走进才会尊敬。我们应该尽可能地走进我们的孩子的世界,尊重他的无限的可能性,尊重他的巨大的能量。只有这样,我们才有可能释放他的巨大能量,才有可能把无限的可能性转化为无数现实。

儿童的内心世界丰富而成熟

>> 当成人放弃对儿童的压制，试着去研究和了解儿童精神世界的外在表现时，就能够清楚地体会到，儿童的内心世界远比成人认定的要丰富而成熟得多。

——《家庭中的儿童》，第 150 页

朱永新解读：

对于新生儿和婴儿来说，我们关注的往往是他的身体发育，关注的是他的物质需要，很少会注意到他的精神需求。

蒙台梭利告诉我们，儿童的内心世界远比成人认定的要丰富而成熟得多。他们有一种鲜活的精神力量，"即使是在他的肌肉动作或语言能力尚未开始发展之时，他仍然需要我们的帮助和精神上的呵护"。

亲爱的父母，儿童精神上的需求远远比我们想象的大得多，儿童精神上的能量也远远超出我们的想象。儿童能够长时间地乐此不疲地做一件事，他的专注，他的好奇，他的兴趣，也远远超出我们的意料。所以，应该高度关注他们的精神世界。

成人的完美取决于儿时的努力

>> 人来自一无所有,他是如何通过所有的创造获得智慧和力量的呢?我们可以在每个儿童身上看到和承认这种惊人的事件的所有细节。我们的眼睛每天都注视这一奇迹般的景象。

……依靠他不断的努力、经验、悲伤和通过对困难的尝试与斗争而达到的征服,儿童慢慢地完善着自己的活动。成人可以帮助儿童去适应环境,但是,是儿童自己在完善他自己的生活。他就像一个不停地奔跑的人,总能达到他的目的。因此,一个成人的完美依靠他在儿时所做出的努力。

我们成人依赖儿童。就儿童的活动领域而言,我们是他的儿子和扈从,正如在我们的特殊工作领域他是我们的儿子和扈从一样,在一个领域成人是主人,但在另一个领域儿童是主人。无论儿童和成人都是国王,但他们是不同王国的统治者。

——《童年的秘密》,第 190—191 页

朱永新解读:

蒙台梭利认为,儿童是成人之父。人一旦获得生命,在人最初创造时所发生的事情在所有人的身上都会再现出来。在儿童生长的过程中,他们就像任何最认真的学生一样遵循着一种进程表,"星星也是按照同样不变的恒性沿着无形的轨迹在运动的"。

这里其实讲了两个重要的意思:第一,成长是有其内在的规律的,任何揠苗助长的行为,都无助于他

们真正的发展；第二，儿童是通过自己的练习与运动获得经验的，从牙牙学语到站立行走，儿童只有通过自己不倦的努力，才能够真正学会。每个成人都是从儿童而来的，所以，儿童时代是否幸福，是否充实，在相当程度上决定了成人的生活是否幸福和充实。

另外，"成人又是儿童的创造者、统治者、监护人和恩人。从来也没有人像儿童依赖成人那样完全依靠另一个人"。所以，成人必须努力为儿童创造成长的条件，呵护而不包办，关注而不强制。善待儿童，就是善待自己。因为，成人是从儿童来的，成人的完美取决于儿童时代的努力。

胎儿像长途跋涉的朝圣者一样来到人世

>> 通过生产,新生儿从母体温暖的羊水里来到空气中。原来一直在妈妈肚子里安静成长的胎儿,不得不经历一次辛苦而艰难的生产战斗,而且没有任何适应时间,他那瘦弱的身躯要受到像来自于两块重石一样的挤压,最后还带着伤降临到我们怀中,就像是历经了长途跋涉的朝圣者一样。

——《发现孩子》,第8页

朱永新解读:

蒙台梭利指出,到目前为止,人们只是觉得儿童的生产过程对于产妇来说是十分危险的事情,但是"却没有人意识到对于新生儿来说它更是一道难关"。所以,在生产的过程中,所有的人都把注意力放在母亲的身上,新生儿只是被"粗略地检查一下,确定他能够健康地活下去就算大功告成了"。其实,新生儿在这个时候面临的遭遇和痛苦,一点也不亚于他的母亲。因为胎儿在母亲体内的羊水是恒温的,母亲的身体甚至把特别微弱的光线和十分轻柔的声响都做了隔离,胎儿生存的环境远远优于来到的人世。

亲爱的父母,新生儿是经过了"长途跋涉"才来到这个世界的。让我们小心翼翼地呵护他吧!

儿童是世界上最伟大的模仿家

>> 成人用他的行动向儿童展示了人的举止行为。儿童是通过模仿他所接触的成人而开始他自己的生活的。成人的言行深深地吸引着儿童,几乎可使他着迷入神。儿童对成人是那么的敏感,以至成人在某种程度上就支配着儿童的生活和行为……一个成人对儿童所讲的话就会像刻在大理石上一样永远铭刻在他的心灵上。

——《童年的秘密》,第 111 页

朱永新解读:

是的,儿童是世界上最伟大的模仿家。他看见什么,就会成为什么。我们不知道儿童早期的所见所闻如何印刻在他们的心中,又如何影响着他们今后的心灵与行为。但是,毫无疑问,这些东西从来没有消失过。

在任何一位成人的身上,总能够寻找到他儿童时的痕迹,因此,在一定意义上也能够寻找到他父母的痕迹。

孩子们正在进行创造人的劳动

>> 儿童的权利是什么?让我们把他们视作一个社会阶层,一个劳动者阶层,因为事实上孩子们正在进行创造人的劳动。他们是未来的一代。他们在身体和精神成长的疲惫之中工作。他们的母亲进行了几个月的工作,但儿童的任务更艰辛、更复杂、更困难。儿童在出生时,除了潜力之外一无所有。甚至成年人都承认,儿童被迫在一个充满艰难的世界里做每一件事!

——《蒙台梭利幼儿教育科学方法》,第 604 页

朱永新解读:

十月怀胎是辛苦的。但是孩子的辛苦不亚于母亲。蒙台梭利甚至认为,孩子面对的是一个完全陌生的世界,面临着更加艰辛、更加复杂、更加困难的任务,因为孩子们正在进行的是一项最伟大的劳动——创造人的工作。孩子们出生时比任何动物都更加脆弱无助,但是经过一段时间,孩子们逐步变得强大起来。这当然得益于父母尤其是母亲的照料,但是更取决于孩子自己的成长。

所以,父母教育的关键,是不要完全把孩子当作一无是处的孩子,而要充分理解孩子,尊重孩子的创造性。我们不能够代替孩子成长,但是我们可以帮助孩子更好地成长。

人类最先发展的是心理

>> 人类最先发展的是心理，器官的发展是在心理发展之后开始的，并由心理所控制。但在器官能够进行运动之后，心理还会进一步发展。……因此，如果一个孩子的运动器官在发育成熟之后被限制运动，他的心理发展也会受到阻碍。虽然心理的发展没有界限，但却在很大程度上取决于运动器官的使用，而运动器官却一直是自主发展的。

——《有吸收力的心灵》，第 56 页

朱永新解读：

蒙台梭利认为，人的身体发展与心理发展有两条不同的轨迹。它们像两股道上跑的车，各自向前，却又在某个点上交叉结合，彼此影响。心理的发展先于身体发展，身体的发展又受到心理发展的控制。在身体器官发育到一定程度以后，心理的发展又通过器官的运动过程，从周围环境获得经验而逐步实现。

虽然心理的发展与人的"精神胚胎"有关，但对人类来说，这还是一种"神秘的力量"。作为父母，我们的首要任务还是应该努力帮助儿童，照顾好他们的身体，适度地训练他们的器官、强大他们的能力，使他们身心和谐，共同发展。

儿童运用自己的天赋吸取周围的知识

>> 当环境中的事物激起了婴儿的热情和注意力,他们就会对事物产生一种特殊的敏感性。随后,婴儿将会同环境中的事物产生一种互动。儿童运用自己的天赋来吸取周围的知识,而不是根据主观的意愿去获取知识的。也就是说,他们通过一种天生的能力从周围的环境中吸收知识。

——《有吸收力的心灵》,第19页

朱永新解读:

神秘的童年留给我们无数困惑:儿童究竟如何学习语言?儿童究竟如何认识周围的世界?在儿童周围有成千上万种声音,为什么婴儿只听取和学习人类的声音呢?究竟是因为人类的声音更加特别,比其他声音留给婴儿的印象更深刻?还是因为儿童大脑中已经预设了学习人类语言的结构与机制,而对人类语言特别敏感?或者是两者兼而有之?

有一点是可以肯定的:即使儿童的天赋再强大,如果没有环境的作用,他们的学习也是无法实现的。正如出生不久就与狼生活在一起的孩子无法学会人类的语言一样,如果没有丰富的语言环境,儿童是无法顺利学习语言的。而且,儿童的语言能力,一定与他们早期语言环境的丰富性有密切的关系。所以,亲爱的父母,在孩子出生以后的一两年内,一定要多和他们交流、对话。故事,是培养孩子语言最好的教材。

重视儿童的『精神胚胎』时期

>> 婴儿刚一降生就要进入一个特殊的成长阶段。在这个阶段，他们要经历一种与胚胎期的生理性成长完全不同的成长，这是一种精神层面的成长。新生儿所面临的生活与子宫中的生活不同。当然，这个阶段也不同于他们将来长大成人后要经历的成年阶段。新生儿在这一特殊的成长时期所要经历的活动都是极具创造性和构建性的，所以在某种意义上我们可以将之称为"精神胚胎"。

——《有吸收力的心灵》，第 47 页

朱永新解读：

蒙台梭利认为，人类有两个胚胎时期，一个是出生之前，这是与其他动物差别不大的生物胚胎期。另外一个是出生之后，这是人类所特有的精神胚胎期。正是由于精神胚胎期的特质，使人类区别于其他动物，具有其他动物所无法具备的能力。如果说子宫是儿童的第一个生命场的话，那么，家庭就是儿童的第二个重要的生命场。这个生命场的价值在于，它是具有创造性与构建性的，对儿童精神世界的形成具有特别重要的意义。

"精神胚胎"是儿童生命路程的新的起点。中国民间流传的"三岁看大，七岁看老"的时间段，也与这个"精神胚胎"所说的时间不谋而合。所以，每个家庭，每个父母，都应该站在孩子出生的这个新的起点之上，为儿童的新的成长和发展奠定坚实的基础。

人的制造过程比较缓慢

>> 动物就好比是大批量制造的产品,每种动物一出生,就已经具有了跟自己相同种类动物一样的特性。与之相比,人却是由"手工制造"出来的,每一个个体都有所不同,好比大自然创作出来的艺术品,每一个人都有自己与众不同的独特之处。而且,人的制造过程比较缓慢,需要一定的时间。在人的外表还没有得以显现之前,他的内在就已经开始发展了,这种发展绝不是为了要复制出与其他人一模一样的人,而是要创造出一个真正全新的人。

——《发现孩子》,第 15 页

朱永新解读:

人,是大自然最神奇的创造。人的制造过程,与其他动物有着明显的不同。正如蒙台梭利发现的那样,有些东西是经过机器大批量制造的产品,完全相同;而另外一些东西是手工慢慢制成的,每一个都不同。人与动物的区别有些类似于手工制作与机器制造。动物就好比是机器化生产的产物,而人却各不相同,每个人都是一个独特的个体。人作为独特的艺术品,是经过了后天的反复加工磨砺才锻造而成的,是一个漫长的过程。而动物一生下来就初步成形成器。

人的复杂性和珍贵性就在于他的独特性,每个人都是一个独特的世界。所以,教育的最高目标,就是帮助每个人发现他自己,成为他自己。所以,亲爱的父母,不要轻易把你的孩子与别人的孩子去比较,更不要把你的孩子的缺点与别人的孩子的优点去比较。相信吧,你的孩子就是一个与众不同的艺术品!

孩子无法停止吸收和活动

>> 造物者赐给孩子的天性本来是要他们接受文化的熏陶，但我们的社会反而利用玩耍、睡觉的方式在他们的"敏感期"摒弃了这些。孩子是无法停止吸收、也无法停止活动的，即便真的没有什么东西可以吸收，他也只好凭借玩具来满足了。

——《蒙台梭利儿童教育手册》，第 17 页

朱永新解读：

蒙台梭利认为，我们经常错误地认为，在学习的过程中儿童非常容易疲劳，因为在传统的学校里的确发生过孩子们很快就疲倦的现象，所以动不动就让他们玩耍、睡觉。其实，这是低估了儿童，就儿童的心智成长过程而言，各种活动不仅不会让孩子们疲劳，反而能够"使他们获得力量与健康"。

所以，亲爱的父母，不要简单地丢个玩具让孩子自己玩耍，而是尽可能与他们一起活动，一起游戏，给他们足够的智力刺激和智力挑战，让孩子的心智得到更为充分的发展。

儿童学习语言的『星云』

>> 儿童并没有遗传某种语言模式,而是遗传了在潜意识中吸收、学习语言的能力。这种潜能就像是生殖细胞中的基因,可以精确地控制细胞长成一个精密而复杂的器官,这就是我们所说的"语言星云"。

——《有吸收力的心灵》,第61页

朱永新解读:

"语言星云"是蒙台梭利创造的一个词。她把婴儿从周围环境中学习、吸收知识的创造性能力比作天体中的星云。当然,她永远也不会想到,在她去世60多年以后,"云计算""云储存""云安全"成了非常热门的词。

蒙台梭利所说的"语言星云"及其行为模式,似乎并不直接接受父母行为模式的影响,它像一个在远方的"星云",赋予儿童从各种环境中吸收、学习的本领。每一种能力都巧妙地蕴藏在"星云"之中,只是这个"星云"的密码我们至今仍然没有解开。蒙台梭利发现,假如某个孩子的"语言星云"由于某种不得而知的原因无法工作,不能学习语言,即使他拥有正常的听觉器官、视觉器官和大脑,也无法学会说话。

蒙台梭利认为,要感知与理解"星云"对儿童心理发展的指导作用,就如同基因能够决定受精卵长成人体一样。所以,关键还是应该"恰当、准确地遵循规律,运用正确而得当的方法给予婴儿必要的照顾"。

儿童看待世界的方式与成人不同

>> 儿童看待世界的方式与成人不同。当成人看到什么东西时,他们可能会说声"太棒了",然后一走了之,去做其他的事情,仅仅将模糊的印象留在记忆里。而儿童则会凭借从周围环境中获得的深刻印象来建造心灵深处的自我。尤其在刚刚出生的那段时间里,他们更是如此。在婴儿期,人类凭借自身特有的内在力量形成伴随终生的人格特征。这些特征涵盖语言、宗教、种族等方面。

——《有吸收力的心灵》,第 77 页

朱永新解读:

婴儿最初是用眼睛征服这个世界的。蒙台梭利认为,"婴儿的眼睛是明亮而充满渴望的"。在生命的早期,婴儿无法运用他们的身体和四肢去探索世界,只有他们的大脑在活动,在不停地利用自己的感觉器官观察周围的世界。这时,最有效最灵敏的感觉器官就是眼睛。所以,儿童在这个时期吸收和适应环境的能力,主要也是通过眼睛来实现。儿童用他明亮的眼睛获得对周围环境的深刻印象,并且通过这些印象来建造"心灵深处的自我"。

亲爱的父母,记得美国诗人惠特曼曾经说过,有一个孩子每天向前走去,他看见最初的东西,他就变成了那东西,那东西就成为他的一部分。把丰富多彩的世界呈现给孩子吧,把人类的美好呈现给孩子吧,让孩子的生命中呈现丰富的美好!

与朋友进行谈话时应该让孩子待在旁边

>> 父母在与朋友进行谈话时,是否应该让孩子待在旁边。虽然我们会遇到许多困难的情况,但是如果我们想要帮助儿童,就应该常常把他们带在身边,以便他们能够观察我们在说什么、做什么。尽管婴儿对正在发生的事情可能还没有意识、无法了解。但是,他们在潜意识中已经记住了这些东西。而且,这些东西对他们的成长很有帮助。

——《有吸收力的心灵》,第 79 页

朱永新解读:

西方心理学家曾经研究,不同家庭的孩子,他们的语言发展、词汇的丰富性是完全不同的。其中,不同家庭的餐桌语言内容都完全不一样。

蒙台梭利主张,在孩子能够走出大门的时候,我们出门时就应该尽可能带上他们,让他们尽可能地多观察周围的环境,多留意大人们讨论的问题。虽然他们完全不理解大人们谈话的内容,但是他们的头脑就像一部摄像机,会把这些东西全部记录下来,并且在潜意识中温习这些内容。

亲爱的父母,不要以为孩子们对成人讨论的内容浑然无知。既然在我们交流时把孩子带在身边,就要约束我们自己,为孩子成长创造良好的语言环境。

应该将儿童的行走视为一种探索

>> 教育工作者应该将儿童的行走视为一种探索,应该将其作为学校教育的一部分。而且这种活动最好在儿童很小的时候就开始。儿童需要多到户外行走,看看他们喜欢的事物。这也是学校应该开展的教育。带儿童认识不同的颜色,观察树叶的形状和纹理,了解昆虫的习性、记住鸟类和其他动物的名称等,这些都能引起儿童的兴趣。当他们的兴趣提高了,他们就能在户外行走更长的时间。要想引导儿童进行探索,就应该牢牢吸引住儿童做事情的兴趣。

——《有吸收力的心灵》,第 124 页

朱永新解读:

蒙台梭利认为,儿童走路与成年人是完全不同的。儿童走路不是为了走多远,不是为了到某个地方,他们只是想走走而已。儿童走路不仅需要用腿,还要用眼睛,他们走路往往是因为被一些有趣的事情所吸引。所以,不停地走,不断地发现,是儿童的天性。

亲爱的父母,对儿童来说,走路,不只是一个简单的体力劳动,而且是身心和谐发展的重要路径。有时候,带着孩子走,不如跟着孩子走。要学会关注孩子关注的事物,关心孩子感兴趣的东西。因为,"要想引导儿童进行探索,就应该牢牢吸引住儿童做事情的兴趣"。

错误会在进程中纠正

>> 许多错误都会在成长的进程中得到纠正。比如,蹒跚学步的孩子,他们就是在成长中不断地获取经验最终学会走路的。如果我们认为自己是完美的,那只不过是自欺欺人罢了。这是由于我们没有意识到自己犯了错误,也就无从改正了。错误是无处不在的,如果我们想追求完美就必须首先注意自己所犯的错误,然后改正错误,这样我们才能完善自己。

——《有吸收力的心灵》,第191页

朱永新解读:

每个人都会犯错误。人是在犯错误的过程中成长起来的,是在不断纠正过去的错误的过程中成长的。对成人而言,犯错误不可怕,可怕的是犯同样的错误。对儿童而言,犯错误不可怕,犯同样的错误也不可怕,因为儿童需要不断获取经验。所以,蒙台梭利主张,对待犯错误的态度应该是:看到犯错误有益的一面,把犯错误看作生命中不可缺少的一部分。在她的学校里,把认识错误作为最重要的原则,因为只有认识错误,才能够改正错误。"每个人都应当反省自己,检查自己所做的事情是否正确。"

亲爱的父母,不要怕你的孩子犯错误,也不要动不动就指责孩子的错误。天下没有不犯错误的孩子,关键是让他们学会自己发现错误、纠正错误,从错误中真正得到成长。

爱的力量存在于每个人的心里

>> 这种爱的力量存在于每个人的心里。尽管自然界赋予人类的这种力量是有限的，而且比较分散，但是，在支配着人类的所有力量中，它是最为伟大的一个。降生到这个世界上的每个婴儿都会给我们带来新鲜的力量。

——《有吸收力的心灵》，第 230 页

朱永新解读：

人皆有爱的力量。用孟老夫子的话来说，就是人皆有恻隐之心、仁爱之心。这种爱的力量虽然与本能有关，但人类的爱随着孩子的成长被赋予越来越多的社会性。蒙台梭利认为，在支配人的行为的所有力量中，爱的力量是最强大最伟大的一个。这个力量"胜过人类发现和利用的一切东西"，所以，我们应该加强对这种力量的研究，花费更多的精力去研究这种爱的力量，而"要想研究爱，并发挥爱的力量，我们就一定要去关注儿童"。

亲爱的父母，对人类来说，儿童还是一本刚刚打开的书，我们还没有真正地读懂这本书。让我们以儿童为师，努力走进儿童，研究儿童，与儿童共同成长吧！

儿童有异常敏锐的观察力

>> 儿童最让人不可思议的地方,是他们异常敏锐的观察力。我们认为儿童观察不到的事物,儿童都看到了。既然如此,奇怪的是,为什么我们还相信一定要用鲜艳的颜色、夸张的手势和高分贝的声音,来吸引儿童的注意呢?

——《家庭中的儿童》,第45页

朱永新解读:

儿童是世界上最伟大的观察家。他们对这个世界充满着好奇,所以会非常细致地"加工、整理感知到的影像",会做许多事情来满足他的观察欲望。如在成人和儿童说话的时候,儿童会非常认真地观察成人的嘴。儿童对语言的敏感,儿童学习语言的能力,正是建立在这样认真观察的基础之上。

亲爱的父母,既然儿童是伟大的观察家,既然儿童的观察对他们的成长具有特别的作用,那么,用"鲜艳的颜色、夸张的手势和高分贝的声音"来吸引儿童的注意,其实等于破坏了他们对事物的细致与敏锐。同时,我们更不能扼杀儿童观察事物的兴趣。

愤怒与反抗 故意捣蛋是表达

>> 就像所有弱小的生物一样，儿童只能用躁动、任性、生气、哭闹和发脾气等消极的方式来反抗。儿童故意调皮捣蛋——实际上，这种恶作剧极大程度上是愤怒与故意反抗的另一种形式。

——《家庭中的儿童》，第 107 页

朱永新解读：

蒙台梭利认为，儿童和成人之间隔着一道天然的鸿沟。这是非常难以跨越的，因为毕竟他们生活在两个不同的世界。这道鸿沟不仅会产生误会与曲解，甚至会爆发冲突与"战争"。

在儿童与父母的"战争"中，胜利的一方往往是父母，因为胜方总是强者。但是，"爸爸妈妈的胜利，结果还是不太能让他们的小对手信服，因为成人的确错了"。所以，在爸爸妈妈赢得所谓的"胜利"时，他们同时失去了孩子的信任。孩子因此用自己的方式——躁动、任性、生气、哭闹和发脾气等——表达他们的不满和抗议。

所以，亲爱的父母，面对孩子的负面情绪时，不能一味压制和批评，而应该努力寻找其背后的原因。要自觉地与孩子沟通，尽可能缩小这道天然的鸿沟。

儿童是人类历史上的「空白页」

>> 人类历史上存在一个"空白页",一页没有文字的白纸,而那是有关儿童的一页。

——《人的成长》,第 50 页

朱永新解读:

正如蒙台梭利所说:"人们在想象未来世界的天堂——一个更美好的新社会时,眼前只有亚当、夏娃与蛇,他们的天堂里没有孩子。"的确,打开任何一部人类的历史,是战争与和平的历史,是统治与反抗的历史,其中一致的是,这些几乎都是成人的历史,儿童从来没有作为主角登场。

文艺复兴时代,发现了人,也发现了儿童。儿童开始进入人们的视野,进入历史的视野。但是,真正了解儿童、认识儿童,我们还相差甚远。其实,没有儿童的历史,是残缺不全的历史。没有儿童的人类,是缺乏活力的人类。关于儿童的这一页,我们还远远没有完成书写。我们仍然有漫长的道路要走,要探寻。

儿童是成人制造出来的

>> 儿童是什么？从某种程度上来说，儿童是成人制造出来的。

——《发现孩子》，第 5 页

朱永新解读：

儿童是成人制造出来的。这堪称是蒙台梭利的一句教育名言。蒙台梭利观察到，"儿童在成人世界受到压制，这是一个在全世界范围内普遍存在的社会问题"。压制，当然不仅仅是儿童遭遇，许多弱势人群也同样面临各种各样的压制。但是成人毕竟有嘴巴可以抗议，甚至可以通过各种各样的手段为自己争取权益，儿童却根本没有这样的能力。

所以，在成人的世界里，只有成人的逻辑，没有儿童的逻辑，儿童就是在成人的逻辑下成长起来的。儿童的逻辑与成人的逻辑越是相近，儿童的天性就越被压制，成长空间就越小。亲爱的父母，只有当你尊重孩子，才能开辟孩子的成长空间。只有在这样的空间里，孩子才可能发掘出潜力。孩子的精神世界，就是这样由你们制造出来的。

孩子渴望成人的陪伴

>> 孩子渴望成人的陪伴,而且他们千方百计想成为成人生活的一部分。即使只是和家人一起坐在餐桌前用餐,或只是和家人一起在火炉旁取暖,孩子也会感到心满意足。人与人之间的温言细语是最悦耳的天籁之音,也是大自然赐予我们的学习语言的方法。

——《发现孩子》,第 193 页

朱永新解读:

儿童渴望成人的陪伴,这是儿童精神成长的需要,是儿童在迈向成人的漫长旅程中必需的精神看护。无论是与成人一起在餐桌前用餐,还是晚上睡觉前听父母讲故事;无论是周末一起去郊游,还是在家里躲猫猫做游戏,都会让孩子开心、幸福。这种快乐远非给他们食物能比拟,因为儿童正是通过这个过程来社会化的。儿童通过这个过程学习成人的行为,包括儿童学习语言的能力,也是在这个过程中习得的。

所以,亲爱的父母,和孩子一起玩耍吧,这不仅会让你变得年轻和快乐,更重要的是,在这样的潜移默化之中,你的孩子就成长了,聪明了。

第四章

必须创造一个童年的世界

导语

儿童在与环境的互动中不断进行自我建构与自我发展。因此,教育的首要任务就是要为儿童创造一个童年的世界,一个适宜的有准备的成长环境。儿童在这样的环境中自然成长,可以逐步获得独立、自由、纪律、专注、自信等心理品质,为人生的远行扬帆起航。

必须创造一个童年的世界

>> 我们对儿童的关心照料应该是审慎的,是温柔亲切的,以此来支持和鼓励儿童的发展。此外,帮儿童准备一个适合他们成长的环境,也是一项非常严肃的工作,因为从某种意义上说,我们必须创造的是一个新世界——一个童年世界。

——《家庭中的儿童》,第 58 页

朱永新解读:

在儿童的生活中,我们经常扮演的是一个交通警察的角色,专门发现违章行为并且给予惩罚。对于那些循规蹈矩的行人和司机,则视而不见听而不闻。这对儿童的伤害是非常巨大的。因为,儿童需要的是一个"尽可能不受成人监督、不会被成人的命令压得喘不过气来的环境"。这个环境越是符合儿童的需要,父母和教师的行为就越是需要受到限制。

亲爱的父母,给孩子自由吧,给他们审慎、温柔而亲切的爱吧,给他们一个真正的童年吧!儿童的世界,不是儿童自己能够独立创造的,需要我们与他们一起建设!

无知地对待儿童比无知地对待成人更可怕

>> 在成长发育的过程中,儿童如果没有得到适当的照顾,他们长大成人后会报复社会。无知地对待儿童,比无知地对待成人后果要可怕得多。这会在婴儿的心中产生巨大的障碍,进而形成一种阻碍世界发展的个性。

——《有吸收力的心灵》,第 59 页

朱永新解读:

如果没有父母无知地对待儿童,这个世界可能就会美好许多。我们无法统计有多少家庭、多少父母毫不熟悉教育的常识,没有做父母的"驾驶执照"就匆匆上路,但这样的父母在生活中经常可以看到。之所以说无知地对待儿童比无知地对待成人更可怕,是因为成人是有意识的,有选择能力的,可以抵御的,通过抵御现在的错误而回避了将来痛苦的发酵;儿童却是软弱的,被动接受的,听天由命的,无法抵抗的,而且现在承受的无理对待都可能在明天形成更大的变形伤害。

亲爱的父母,努力充实自己吧!从恋爱开始,就要为做父母而准备,为迎接一个新生命做准备!

让孩子生活在简单的社会里

>> 社会的文明程度越高,孩子就越可悲。生活在简单社会的孩子是比较平和、快乐的。他们能够自由地使用周围的东西,不用担心会把它们弄坏,因为那些东西都不昂贵。

——《发现孩子》,第34页

朱永新解读:

为什么说社会文明的程度越高,孩子就越可悲呢?蒙台梭利认为,这不是因为在文明社会里女性走出来工作了,而是因为她们离孩子越来越远了。保姆替代了母亲的角色,玩具替代了亲子的交流。文明社会生产出越来越多的玩具,却把越来越少的时间留给孩子。其实,玩具是永远不会也无法代替人的。所有的孩子对玩具总是很快厌倦,然后新的玩具会取而代之。然后再厌倦,再取而代之。蒙台梭利说:"孩子不会太喜欢这些玩具的,它们不是真的。孩子会因此变得无精打采,不能专心,心理还会慢慢地偏离正轨,甚至出现人格的扭曲、偏差。"

所以,亲爱的父母,务必记住,你的角色和作用是任何玩具也无法替代的,把你的时间给孩子吧!

不要强迫孩子

>> 如果儿童还不具备自我控制的能力,他们得到的自由就不是真正的自由;如果儿童做事没有规律,是因为曾有人随意地强迫他们去有规律地做事情;如果儿童懒惰,是因为他们曾被强迫去工作;如果儿童不听话,是因为曾有人强迫他们去听话。

——《有吸收力的心灵》,第 156 页

朱永新解读:

针对当时教育上的一些自由主义的思潮,蒙台梭利指出:如果我们认为自由就是让儿童做任何他们想做的事情,不管是对是错,那么儿童的性格就会更加偏离正轨,他们的发展也会更加严重地偏离正常的轨道。所以,自由是发展的结果。真正的自由,是儿童可以自我控制时的自由。

对于各种"强迫",最后只能让儿童产生强烈的逆反:用做事情乱七八糟,抗争强迫他们有规律地做事;用懒惰,抗争强迫他们工作;用不听话,抗争强迫他们听话。哪里有压迫哪里就有反抗,对于儿童也是如此。所以,平等对待孩子非常重要。

单单模仿或强迫服从没有用

>> 单单模仿或强迫服从是没有用的，必须先有内在的预备，服从才有可能。所以我们要给孩子一个"预备好的环境"，使他的心灵在其中得以自由施展。

——《蒙台梭利儿童教育手册》，第 21 页

朱永新解读：

蒙台梭利认为："造物者就是在胚胎期做了间接的预备，它在器官未成熟之前是不发出命令的。"也就是说，我们应该充分尊重儿童身心成长的自然规律，既不能拔苗助长，也不要亡羊补牢。比如，不到行走的阶段，你拼命训练也没有意义，这就是不要拔苗助长。在语言学习的关键时期没有提供学语言的条件，今后再学就会事倍功半。

亲爱的父母，一定要记住：没有必要强迫孩子学习，而要注重孩子身心发展规律，激发孩子学习的兴趣。只有孩子产生学习的内在需要时，真正的学习才能够发生。

儿童是置身强权下的弱势群体

>> 儿童是置身强权下的弱势群体——他们不被理解，对他们各方面发展具有深远意义的需求也没有为成人社会所认识。这样的事实清楚地告诉人们：我们的儿童正处于怎样的绝境。

——《家庭中的儿童》，第3页

朱永新解读：

在成人面前，儿童总是处于强权下的弱势群体。一方面，对于我们成人来说儿童依然是一个黑匣子，儿童的许多秘密仍然没有解开，我们根本无法走进他们的世界。另一方面，儿童无法与成人正常沟通，他们的喜怒哀乐，他们的愿望诉求，还无法畅通无阻地与成人顺利交流。所以我们经常帮儿童安排好一切，想当然地觉得儿童需要什么，喜欢什么。自作主张的结果，经常是事与愿违。

亲爱的父母，我们要努力走进儿童的世界，尽可能在理解他们所需的基础上帮助他们，而不是越俎代庖。

让我们做奇迹的旁观者吧

>> 我们需要做的只有给孩子自由,看着他们健康地成长。就让我们来做这个奇迹的旁观者吧!

——《发现孩子》,第 42 页

朱永新解读:

蒙台梭利不止一次地宣称:"自由"在她所提倡的教育体系和教育理念中,处于至关重要的基础地位,是一个"必须严肃地对待"的关键问题。所以,她主张尽可能"把所有的事情留给自然",因为儿童越是能够得到自由的发展,他们的身心发展就越是舒展协调,身体机能也会更加健全。各种揠苗助长的行为,其实没有什么实际意义,甚至有害无益。如让孩子学走路,她就主张不要在时机还不成熟的情况下强迫孩子走路,"要相信一旦时机到来,孩子就会自己站立起来,自然地开始行走"。

所以,按照蒙台梭利的建议,给予儿童充分自由,让我们做一个儿童成长奇迹的见证者吧!

创造一个满足儿童心理需求的世界

>> 社会应该从沉疴痼疾中清醒过来,解放那些"文明的囚徒",为儿童预备一个适应他们最高需求的世界,即创造一个满足他们心理需求的世界。

——《人的成长》,第 105 页

朱永新解读:

被错误的爱抚育的孩子,是"文明的囚徒"。要解放那些"文明的囚徒",让孩子们自然地成长,社会就要从"沉疴痼疾"中清醒过来,父母就要从偏见成见中醒悟过来。

父母应该知道,你们的拥抱,你们的爱抚,比任何舒适的温床更重要,更能够满足儿童的心理需要。不要打着独立的旗号,从孩子身边走开。不要以忙碌为借口,让孩子陷入孤独。

精神成长也必须从外部环境汲取养料

>> 由于孩子的身体必须从外部环境中获取食物和氧气,所以,为了完成这一伟大的生理工程,即成长工程,精神也必须从外部环境汲取由它自身"成长规律"决定的发展所需要的养料。

——《蒙台梭利儿童教育手册》,第 37 页

朱永新解读:

长期以来,儿童只是一个生物学意义上的人。科学,关注得更多的也只是他们身体的健康成长。但是,"孩子的成长不仅在身体上,更在精神上",所以父母应该了解孩子的"神秘精神成长之旅",蒙台梭利认为,只有思想生活才是真正的人类生活。

所以,亲爱的父母,仅仅关注儿童的身体发展是远远不够的。我们应该特别注意,在为儿童的身体发展提供必需的养分的同时,也要为他们的精神成长提供必需的养料。

没有人考虑到孩子的现在

>> 每个人所想的都是孩子的将来怎么样，没有人考虑到孩子的现在，而孩子现在要存活所需要的是如此之多。
——《蒙台梭利儿童教育手册》，第149—150页

朱永新解读：

这是人们经常引用的蒙台梭利的一句名言。这句话与蒙台梭利所说的错误的教育把孩子视为"未来式"而不是"现在进行式"有着异曲同工之妙。

的确，我们经常是打着为了孩子的明天的旗号，干着牺牲孩子的今天的勾当。孩子的幸福我们每个人都非常关心，孩子未来的幸福更是我们期待的。但是我们经常把孩子们未来的幸福建立在现在不幸福的基础之上，总认为，现在苦一点，累一点，辛苦一点，以后才能够真正幸福。甚至还有学校张贴了"人生总要长眠，何必今日多睡"这样荒唐的标语。

亲爱的父母，孩子不仅属于未来，他们的名字同样叫"今天"。

建立一个保护儿童的庇护所

>> 任何一种教育制度的推广,必须先从建立一个能够保护儿童免受成人世界的种种困难和障碍威胁的环境做起。这个环境要像风暴中的庇护所,像沙漠中的绿洲,像精神休憩的港湾,时刻确保儿童健康正常地发展。

——《家庭中的儿童》,第 7 页

朱永新解读:

在蒙台梭利的时代,儿童仍然是成人的"附属品",社会仍然没有把儿童视为独立的个体,"人民似乎从来也没有考虑过儿童独特的性情,也没有关心过儿童为了达成其生命中非凡成就的不同需求",所有的哲学、思想、理论,也很少有关儿童的论述,所以蒙台梭利说:"在人类历史上,有关儿童的记载仍是一页空白。"

为了填补这个空白,蒙台梭利和她同时代的人做了许多努力。但是一百多年过去了,进展远远没有我们想象的那么乐观。直到现在,我们成人对儿童世界其实仍然是知之甚少,儿童成长的许多秘密仍然没有解开。所以,我们唯一正确的选择是尊重儿童、敬畏儿童,为他们创造一个健康成长的庇护所。

环境应该与孩子的性情相适合

>> 如果我们要让孩子幸福快乐，就应当采取妥善并且人道的做法，那就是为孩子建立一个不再压制他们的学习环境。这个环境应该与孩子的性情相适合，让孩子可以在其中自由地发展。

——《发现孩子》，第4页

朱永新解读：

蒙台梭利指出，孩子们往往被比自己强大很多的大人们压制着，他们"不仅不能够按照自己的意愿做事，而且还要被强迫去适应对自身不利的生活环境，而大人还总是天真地认为他们是在帮助孩子学会如何在社会上生活"。这种成人对儿童的压制，这种成人对儿童的权威态度，"深深植根于家庭之中"，就是那些对孩子十分宠爱的家庭也不例外，只不过他们是在爱的名义下压制而已。

所以，儿童的幸福快乐，应该是教育的最高目标。应该尽可能创造一个让儿童欢喜愉悦，与他们的性情相适应的环境。在这个环境中，儿童可以自由地生长。

不要扮演一个看守员的角色

>> 我们必须停止在孩子生活中扮演一个看守员的角色，我们要做的是为孩子准备一个尽可能不受大人监督、不会被大人的命令压得喘不过气来的环境。

——《蒙台梭利儿童教育手册》，第151页

朱永新解读：

我曾经说过，我们许多父母和老师喜欢当"教育警察"。他们很少关注孩子的优良表现，却专门盯着孩子的缺点与问题。这就是蒙台梭利在这里说的"看守员"。其实，孩子们需要一片属于他们自己的天空，需要自由地呼吸。不能够让孩子们小心翼翼，时刻担心大人们的"监视"、干扰、命令等。

值得提出的是，蒙台梭利也提出了教育的另外一个重要原则——"给孩子自由，并不表示对孩子放任自流，或是对孩子不闻不问"。相反，对于孩子在探索过程中遇到的各种困难，应该用"细心和充满爱心的关注，来鼓励孩子的自我发展"。

亲爱的父母，应该防止教育孩子的两个极端——过于严厉和不闻不问。

让婴儿以宁静、愉快和不懈努力的状态发展

>> 我们对幼小的婴儿进行帮助时，必须要遵循一条原则，那就是如果成人的教育从婴儿出生之后就开始，那么这种教育就必须适应这一时期婴儿自身的发展规律和要求，要保证婴儿在接受教育的过程中，仍然以宁静、愉快和不懈努力的状态发展。

——《有吸收力的心灵》，第 57 页

朱永新解读：

毫无疑问，刚刚出生的婴儿是需要帮助的。没有大人精心的呵护和细心的帮助，他们将寸步难行。但是，这种帮助必须尊重婴儿身心发展的规律，让婴儿在宁静、愉快和不懈努力的状态下发展，要认真地研究儿童的需要，理解他们每一声啼哭的原因，观察他们每一个细微的动作，帮助他们更好地适应环境。

亲爱的父母，对待新生的婴儿，不能粗暴地把你的想法强加于孩子，而应该成为孩子的帮助者。宁静、愉快、不懈努力，不仅应该是孩子发展的状态，更应该是我们家庭教育的状态。

让儿童拥有真正属于他们的地方

>> 在一个真正属于儿童的地方,儿童会尽量好好表现,注意自己的举止,控制自己的行为。在这种情况下,儿童不需要外在激励就能够不断地自我完善。我们能从儿童的脸上看到全新的喜悦和骄傲,偶尔还会看到一种无法形容的得体礼仪,这些都说明了儿童天生就能够改进自己的行为,而且他们也喜欢如此。

——《家庭中的儿童》,第 91 页

朱永新解读:

在蒙台梭利的"儿童之家",儿童是真正的主人。"儿童的每一个粗鲁动作,都会被椅子和桌子发出的噪声揭发出来,儿童最后就会变得非常注意自己的身体动作。"她甚至主张,在"儿童之家"应该尽可能摆设一些易碎品,如玻璃杯、花瓶、盘子等,不要担心儿童打碎这些东西,因为这些东西远远没有儿童的身体训练重要。

亲爱的父母,即使你们不能尽可能摆设易碎品让儿童打碎,起码也应该记住,儿童是最能够从自己的失误中学习的,在他们打碎了物品的时候,在他们出现了问题的时候,一定要学会沉得住气,不要轻易责怪他们批评他们。让他们自己从错误中学习,比批评更有效。

儿童可以解决成人不能解决的问题

>> 儿童凭借自己的天性，可以解决我们成人所不能解决的问题，也能将成人认为是水火不容的事物整合为一。

——《人的成长》，第 46 页

朱永新解读：

在儿童的世界里，一切皆有可能。时间可以回头，空间可以无限，人可以自由飞翔，动物可以成为家人。他们没有任何条条框框，没有任何思维障碍，所以能够"将成人认为是水火不容的事物整合为一"，能够解决成人看起来无法解决的问题。在这一点上，儿童是成人的老师。

所以，千万不要嘲笑儿童"荒诞""幼稚""肤浅"，儿童的许多创造性想象和行为，为我们开启了另外一个世界，创造了另外一种可能，而我们应该珍视这种创造力，帮助儿童继续发展这些能力。

孩子是『正在进行式』

>> 在旧式教育和一些少为人知的教育方式中,孩子并未被视为真正的人。在他们生命的最初几年,孩子往往被迫去适应大人的社会,因而完全背离了孩子的天性。在这些教育形式里,孩子只是一个"未来式"而非"正在进行式"。

——《蒙台梭利儿童教育手册》,第149页

朱永新解读:

在传统的教育中,儿童还不是一个完整意义上的人,成人也没有真正把儿童作为一个人来看待。所以,我们往往是用成人世界的价值观、成人世界的生活方式去要求儿童,让孩子们"被迫"适应我们成人的生活世界。这里有一个根本的出发点,那就是我们只是把孩子作为一个"未来式",即一个未来的人看待,而没有把孩子作为一个"正在进行式",即正在形成中的人来看待。这也是孩子们在成为大人之前往往"不会受到真正的重视"的原因所在。

亲爱的父母,儿童不仅是面向未来的人、一个成长中的人,同时也是一个活在当下的人。儿童当下的感受、当下的过程应该引起我们高度的重视。

不要强迫儿童放弃自己的愿望和行动

>> 源自儿童神奇内心世界并自然流露出来的自发性,长期以来都被成人的强势和不合时宜的干预死死地压制住了。成人认为每一件事情自己都能够做得比孩子好,想当然地把成人的那一套行为模式强加在儿童身上,强迫儿童放弃他们自己的愿望和行动、顺从成人的意志、服从成人的控制。

——《家庭中的儿童》,第 4 页

朱永新解读:

蒙台梭利认为,成人总是用自以为是的方法解释儿童的行为,以自以为正确的方式对待儿童,结果"不仅造成某些教育细节上的偏差和学校教育形式的不完善,更由此引发了一系列完全错误的行动"。造成这个错误的原因,是我们从根本上低估了儿童。我们觉得儿童什么也不懂,什么也不会。虽然我们也是从儿童发展而来,但我们并不能清楚分辨与记得自己在儿童时期就拥有的能力,与此同时,我们的父母也是这样养育和教育着我们。所以,强迫儿童按照我们的意志去生活,几乎成了天经地义。

亲爱的父母,我们应该牢记:儿童的许多秘密还有待揭开,儿童的许多能力远远超出我们的意料,儿童的独立倾向非常强烈。要尽可能跟从孩子,协助孩子,而不是拉扯孩子,逼迫孩子。

孩子需要自己的家和田园

>> 新的教育方式是为孩子提供符合他们力量、尺寸的东西,来引起他们活动的兴趣。就像成人在家或在田地里工作一样,孩子也需要有属于自己的家和田园。不能只给孩子过家家的模型,应该给他们一个真正的家;不用给他们玩具,要给他们能够使用的小型工具耕作园地;不需要给他们洋娃娃,要给他们一群小伙伴,让他们去感受社会生活。我们要用这些来取代以前的玩具。

——《发现孩子》,第35页

朱永新解读:

玩具不仅无法替代父母的爱,也无法替代儿童的真实生活。蒙台梭利对于让儿童生活在成人世界的做法非常不以为然,主张尽可能给儿童一些根据他们的身材比例制作的东西,让他们学着用成人的方式去操作,这样,儿童的性格就会变得平和与满足。"他们不关心生活环境里那些不常见的东西,因为他们的活动就是要让自己去适应所处的世界",享受完成一件事情带给他们的快乐。

所以,亲爱的父母,记住蒙台梭利的教导,尽可能"把虚假的玩具抛到一边,给孩子真实的东西"吧!你会发现一个新的孩子!

正确满足儿童的需要

>> 儿童 >> 如果老师可以正确满足儿童的需要,他们就能够发现儿童具有各种优秀的品质,它们会像泉水般喷涌出来。当我们看到儿童的心灵迸发出这样的火花,那将是一件令人非常高兴的事情,那将会像一个穿行在沙漠中的口渴至极的人突然发现一片绿洲、听到叮咚的水声一样。

——《有吸收力的心灵》,第218页

朱永新解读:

所谓正确满足儿童的需要,就是在儿童最需要你的时候能够及时出现,而在儿童不需要的时候,则不要贸然出现。蒙台梭利把儿童当成成人的"主人",在主人没有要求的时候,老师不要去打扰;如果主人提出了要求,老师就要马上行动。当儿童需要夸奖的时候,老师就要说"啊,真好"。在儿童集中注意力做某件事情的时候,就千万不要去打扰。一旦儿童的需要得到满足,他们的能量就会迸发出来。

孔子曾说,不愤不启,不悱不发。也就是说,不到学生努力想弄明白却又弄不明白的程度,不要去开导学生;不到学生心里已经明白却不能完好表达出的程度不要去启发学生。孔子是从教学的角度而言的。而亲爱的父母,不求不应,有求才应,是否应该成为我们对待儿童需要的有效方法呢?

让孩子参与我们的生活

>> 倘若我们想要拟订一项育儿原则的话,必须让孩子参与我们的生活将是首要的一项。因为孩子在成长期间必须要学会模仿大人的很多行为举止,如果孩子不能观察到该怎么做,就不能学得好,正如失聪的人没有办法学会讲话一样。

——《蒙台梭利儿童教育手册》,第 32 页

朱永新解读:

蒙台梭利认为,过去我们往往只关心孩子的身体健康,关心新鲜空气和阳光对于孩子的意义,关心他们的衣食住行,但是,"即便亮丽的阳光洒满了孩子的身上,孩子的心灵里却一丝光线也没有,这就是因为成人用他的力量盲目无知地摧毁了孩子特有的——缓慢、脆弱且重要的内在构建工作"。

其实,孩子最需要的是向大人学习。他们需要与大人一起生活,需要了解大人的世界,需要学习大人的语言。所以,亲爱的父母,一方面,我们要给孩子属于他们自己的空间,另一方面,我们需要有足够的时间陪伴孩子。这就是教育的辩证法。

我不喜欢让孩子复制东西

>> 我不喜欢让孩子们复制东西。相反,我喜欢给他们一些黏土,让他们能按照自己的意愿制造出任何他们想要制作的东西。我没有指导孩子们必须生产有用的东西,我不需要完成什么教育计划。因为我认为,泥塑工作,应该是帮助孩子们自发表现出他们身上的一些特性。

——《蒙台梭利的儿童教育方法》,第72页

朱永新解读:

蒙台梭利对前人的教育理论与实践不盲从不迷信,一一探索检验。如她发现福禄贝尔的许多练习,如编织与缝纫对于幼小的儿童并不合适,因为这个时期的儿童视力的调节能力发育不太成熟。但她对福禄贝尔的泥塑练习却非常认同,而且主张采用一个自由的练习系统,即让孩子们不是简单地复制,而是随意地创造仿制。

泥塑不只是简单的艺术教育或者劳动教育,其实是儿童发现自我表达自我的重要路径,蒙台梭利认为泥塑可以"帮助孩子们自发地表现出他们身上的一些特征",同时,父母和老师们也可以通过孩子的作品对他们的个性特征进行分析研究。

世界和孩子开了一个玩笑

>> 孩子们发现，他们所需要得到的是以玩具形式出现的、为玩具娃娃做的东西，丰富多彩的、富有吸引力的环境还没有为他们创设出来；但玩具娃娃却有房子，有起居室、厨房和衣柜。总之所有成人拥有的物品都以缩小的形式为他们生产了。然而孩子只能以此自娱而不能生活其间。世界和孩子开了个玩笑，因为没有人认为他是一个活生生的人。他发现自己作为一个可愚弄的对象为社会接受。

——《蒙台梭利幼儿教育科学方法》，第 610 页

朱永新解读：

蒙台梭利认为，我们的世界其实是一个成人中心的社会，儿童世界也是根据成人世界的样子建设的。其实，这样的世界对于孩子是非常恐怖的。正如她曾经设想的那样：我们生活在巨人种族的社会之中，巨人们手足奇长，身体硕大无比。他们的椅子比我们的肩膀还高，刷子比我们的人还大，以至于我们根本无法拿起来刷衣服。蒙台梭利说，儿童在我们的社会，其实也有一样的感觉。另外一个方面，儿童有一个玩具的世界，但这个世界与巨人世界一样也不适合他们。世界就是这样和孩子开了一个玩笑。

所以，亲爱的父母和老师、校长们，努力为孩子创造一个适合他们自己的环境，让他们感觉到他们是自己世界的主人，对孩子的成长至关重要。

给儿童创造一个相称的环境

>> 给儿童创造一个每样东西的大小都与他自己相称的环境,并让他生活其间。这样有助于发展儿童内在的、令人惊叹不已的"积极的生活"。因为他们在这里不仅看到愉悦地进行着的一种简单练习,而且幼儿还显露出一种精神的活力。在这种和谐的环境中,我们可以观察到幼儿在动脑时,犹如一粒种子植根于土壤之中,通过唯一的方式生长、发育,即长时间的反复练习。

——《蒙台梭利幼儿教育科学方法》,第 611 页

朱永新解读:

在成人的世界里儿童是卑微的,无能为力的。在玩具的世界里,儿童是虚幻的,无法进入的。只有创造一个属于儿童自己的世界,他才能够感受到自己是真正的主人,才能够有真正的活力与创造力,才能够有所谓的"积极的生活"。正如蒙台梭利所说:"儿童的注意力集中之时,正是他们发展其精神活动的那个组织过程;儿童自发努力之时,正是他们在盲目探索周围那些维持他们的智力的物质之时,这是多么神奇的时刻啊!"

亲爱的父母,创造一个属于孩子的世界吧,在一个他们如鱼得水的环境中,孩子的自我成长才能够得到真正的实现。

儿童环境创设的基本原则

>> 环境创设的基本原则：家具必须要轻巧，摆设的位置要让儿童能够方便移动，照片要张贴在儿童的视线高度，让儿童能够轻易观看。这些原则适用于所有可能会出现在儿童四周的东西，从地毯到花瓶、盘子等诸如此类的物品。

——《家庭中的儿童》，第89页

朱永新解读：

在许多学校，我们依然可以看到，儿童仍然生活在我们成人的世界中。我们的标语是儿童无法理解的口号，我们的许多物品放置在儿童无法随手拿到的地方，我们的课桌椅根本不符合儿童的身高体型而且不同的教室千篇一律，我们的照片图表高高在上，儿童抬头也无法看清楚，等等。无疑，这是不符合儿童发展需要的。

按照蒙台梭利的观点，学校是专门为儿童设立的机构，学校的所有设施，包括课桌椅和用具，都应该根据儿童的身材和体力来制作，让儿童能够像成年人移动家具一样轻松地移动、使用。所以，这里提出的环境创设的基本原则，值得我们重视。

亲爱的父母，学校这样做了，你在家庭里应该怎样做？结论你是可以自己得出来的吧？

童年是人类生命的基地

>> 在人类心智当中,存在着一个尚未引起我们注意和兴趣的谜团,就像不久前我们刚刚发现的南极大陆的冰层一样。人们组织探险队赴南极勘测考察,直到这时,那片充满着奇迹和宝藏的大陆才出现在人们眼前。探险队冒着生命危险,克服了厚厚的冰层和异常酷寒的气候的阻碍,证实了南极的自然奇观、暖水湖和大型生物等前所未闻的事物的存在。这经验就像是我们发现人类生命的极地——童年一样。

——《人的成长》,第 12 页

朱永新解读:

一百多年前,人类揭开了南极的面纱。但是,到现在为止,还不能够轻易地说,我们已经揭开了儿童的面纱。蒙台梭利指出,数千年来,人类对儿童是熟视无睹的,对这个充满着神奇的生命是视而不见的。而童年,恰恰是人类生命的极地,像南极拥有伟大的自然奇观、暖水湖和大型生物等闻所未闻的奇迹一样,在儿童身上也有着无限的未知。

当然,和南极一样,儿童身上的这些未知也不可能轻而易举地被发现,它需要我们像探险队员那样,克服许多困难。让我们一起努力走进这个有待发现的新世界吧!

环境可以有利于也可以阻碍生命的发展

>> 环境对个体生命的影响越强,个体生命的修改可能就会更不容易固定,它的生命个性也会变得更加强壮,充满力量。但是,环境有正反两方面的作用,环境会有益于生命的成长,环境也有可能抑制生命的成长。

——《蒙台梭利的儿童教育方法》,第36页

朱永新解读:

遗传、环境、教育是影响人发展的三个最关键的因素。遗传,一般是生命体自身赋予的力量。遗传的差异,是教育的依据,也是教育过程中必须考虑的重要问题。环境,一般是客观作用于生命体的力量,它是教育的前提。这种力量具有正负两种可能,既可能有益于生命体的成长,也可能抑制生命体的成长。

所以,教育者就要学会选择或者创造环境,为生命体的成长提供最合适的环境。当无法选择环境时,就要把环境中抑制生命体成长的因素控制在最小的范围。

儿童渴望丰富多彩、富有吸引力的环境

>> 当孩子们来到这个世界时,他们需要各种玩具及为玩具娃娃准备的东西,更需要一个有利于他们身心健康发展的丰富多彩、富有吸引力的环境,可是他们发现这些都还没有创设出来。我们只是为他们提供了成人用品的微缩品。

——《蒙台梭利的儿童教育方法》,第3页

朱永新解读:

许多玩具,都是我们成人根据自己的想象创造出来,而不是根据儿童的内在需要制造出来的。而且,成人创造玩具的初衷之一,就是希望能够把我们自己从儿童的身边解放出来,让儿童不再"纠缠"我们,而专心于我们给他的玩具。

其实,玩具固然重要,但如果玩具只是成人用品的微缩版,只是那些色彩鲜艳、声音特别的东西,它将对孩子的成长产生不良的作用。而且更重要的是,玩具如童书一样,并不是供儿童独自玩赏的东西,而需要我们或者小伙伴与孩子一起玩。最好的玩具,也无法代替父母的怀抱,父母讲述的故事。

为儿童设置一种特殊的环境

>> 教育并不是老师教了什么,它是人类自然进行发展的一个过程。它不是在教授的过程中得来的,而是儿童通过环境获取经验进而得来的。老师的任务不是讲课,而是要为儿童设置一种特殊的环境,为儿童准备和安排好一系列的文化活动。

——《有吸收力的心灵》,第 5 页

朱永新解读:

对儿童来说,主动地获取知识远比被动地接受知识更加有效。所以,父母和老师的任务,不是给孩子教授知识,而是创造让孩子主动探索获取知识的环境。

儿童早期的环境越是丰富,孩子成长的空间就越大。如果可能,提供尽可能多的悦耳的声音、音乐,尽可能丰富的色彩、图画,以及让孩子自己动手的玩具、器材,让孩子参与尽可能丰富多彩的活动。

在这样的过程中耳濡目染,比简单地把知识灌输到他们的头脑中更加有效。

教具不能太多或太少

>> 成人的干预、教具的使用和学习环境本身,都必须有所限制。教具提供得太多或者太少,都可能对儿童的发展产生负面的影响。教具的数量不够,可能导致儿童的学习停滞不前;教具过多则容易分散儿童的注意力,给儿童造成不必要的困扰,让他眼花缭乱,不知道选哪个好。

——《家庭中的儿童》,第148—149页

朱永新解读:

教育的平衡点也体现在教具的应用上。按照蒙台梭利的说法,教具提供得太多或者太少,都可能对儿童的发展产生负面的影响。她举了一个和食物营养有关的例子来说明,食物营养的缺乏固然会导致营养不良,但吃得过多也会导致体内积累毒素,容易患上各种疾病。"饱食并不会让人活力充沛,反而会让人觉得疲累。"同样,教具的数量太少,会导致儿童的学习停滞不前;教具的数量过多,则会分散儿童的注意力,给儿童造成不必要的困扰,让他眼花缭乱。

亲爱的父母,教具是如此,玩具也是如此。身体的"喂养"是如此,心智的"喂养"也是如此。把握分寸,掌握节奏,非常重要。

学校应成为儿童可以自由生活的地方

>> 学校应成为儿童可以自由生活的地方,这种自由不仅仅是内部发育中潜在的、精神上的自由;儿童的整个生物体,从他的生理、生长部分到机体活动,都将在学校找到"成长发育的最好条件"。
——《蒙台梭利幼儿教育科学方法》,第 700 页

朱永新解读:

正如我们曾经分析过的那样,"自由"是蒙台梭利教育学的关键词。给儿童充分的自由,意味着给他们充分的舒展空间——生理学意义和心理学意义上的空间。她以儿童的服装为例说明了这种所谓的"自由"。她指出,传统意义上的儿童服装是方便成人而束缚儿童的。而改革以后的儿童服装应该符合既整洁、简朴又宜于自由活动的要求,同时又方便儿童自己穿戴。

所以,亲爱的父母,我们的任务是给孩子创造一个让他们能够自由活动的空间,然后,我们就可以静观儿童自我发展的奇迹。孩子的成长,最重要的是他们自己的力量。

"心理"教室比"生理"教室大两倍

>> 如果要达到理想的完美境地,我们可以说:"心理"教室比"生理"教室大两倍。大家都清楚,我们认为的舒适感觉是房间的地面的一半必须空着,不放置任何东西,这似乎给我们提供了令人愉快的、自由活动的可能性。这种愉快的感觉比在一个塞满家具的中等大小的房中呼吸要舒服得多。

——《蒙台梭利幼儿教育科学方法》,第701页

朱永新解读:

这是一个非常重要的理念。我曾经多次观察我们的学校与国外学校的区别,其中之一,就是我们的学校教室太小,小到放完了课桌就没有其他空间了。一方面是我们的班级学额太大,学生太多,一方面是我们的教室设计理念就是相对落后的,只考虑容积率而不考虑师生活动的方便和学生生活的便利。蒙台梭利明确提出,教室的房间必须有一半的地面留空,不放置任何东西,为学生的活动留下足够的空间。

亲爱的父母,家庭虽然不是教室,但是蒙台梭利的忠告对于我们是有启发的。一方面,我们应该尽可能把孩子带到大自然中去,那里的空间最适合孩子自由地呼吸与运动;另一方面,我们应该尽可能不要用家具把房间塞满,让孩子动弹不得,行动受限。

第五章

儿童必须自己
塑造自己

导语

　　蒙台梭利用"软蜡"来形容儿童的可塑性,但是这并不意味着儿童可以简单地被成人塑造。儿童的可塑性并不是由成人创造,而是儿童在成人创设的适宜环境中,通过自己的吸收、认同来进行自我塑造。因此,如何建构适宜儿童成长的环境,是成人需要思考的问题,同时也应该把儿童成长与发展的主权交还给儿童。

儿童必须自己塑造自己

>> 教育家将婴儿和只有几岁大的幼儿定义为"软蜡",意思是,对这个时期的儿童,可以用适当的方式加以塑造。"软蜡"的观念本身并没有错,错就错在教育家认为儿童必须由他们来塑造。事实上正相反,儿童必须自己塑造自己。

——《家庭中的儿童》,第 43 页

朱永新解读:

毫无疑问,儿童的可塑性是非常之强的。以至于美国行为主义心理学的代表人物华生曾经说,给他一打健全的儿童,他可以根据自己的意愿把这些儿童培养成英雄或者罪犯。当然,这在肯定儿童的可塑性的同时,又走向了另外一个极端。蒙台梭利也赞成用"软蜡"来形容儿童的可塑性,但是她同时认为,儿童不是简单地由成人塑造,而是由儿童自己塑造的。这比行为主义心理学就更加高明了。

亲爱的父母,外因必须通过内因而起作用。任何外部的影响必须通过儿童自己的吸收、认同才能成为他们自觉的行动。强扭的瓜不甜,作为父母,尤其要注意不能"盲目、粗鲁又不适当地介入"儿童的生活,把儿童自己在"软蜡"上画出的轮廓毁掉。

婴儿把自己建构成"人"

>> 通常人们会认为孩子说话、走路是妈妈教出来的,其实并不是这样的,而是孩子自然地学会的。妈妈只是生下了一个小婴儿,而这个小婴儿自己把自己建构成了"人"。

——《发现孩子》,第 20 页

朱永新解读:

虽然从表面上看,儿童在出生的时候一无所有,什么也不会,什么也不能,一切都是爸爸妈妈教出来的,但是,儿童自我学习自我建构的能力往往被远远低估。蒙台梭利举儿童学习讲话的例子说明这个道理。她说,即使是儿童的"母语",也不是完全跟着妈妈学会的。如果孩子在国外出生,他的语言可能就远远比他的爸爸妈妈强,这语言的能力,就与父母没有关系,"而是孩子自己学会的——孩子利用环境中的各种资源,来塑造自己的未来"。

所以,亲爱的父母,知道了儿童的这种自我构建的能力,我们就应该更加放手放心,更加信任孩子。

儿童的性格不是成人教出来的

>> 儿童的性格不是由成人教出来的,而成人能够做的只是对儿童进行科学的教育,让他们可以有效地完成这个过程,而不受打扰和阻碍。

——《有吸收力的心灵》,第 158 页

朱永新解读:

我们不得不佩服儿童成长的力量。不知不觉之间,他们学会了翻身、爬行、站立、走路,学会了说话、数数、涂鸦等等,甚至还"塑造着自己的性格特征"。所有这些,都不是我们强迫儿童去做的,而且不是我们教给儿童的,这些都是儿童在 3—6 岁这段时间里,在一系列漫长而缓慢的活动中自发地形成的。

所以,亲爱的父母,我们要尊重儿童自我学习、自我成长的力量,尊重儿童认识世界的规律,用科学的方法教育儿童,才会有效地帮助儿童,而不能轻易打扰他们自然的节奏。

儿童会唤起我们的崇拜

>> 孩子以心理胚胎的形象在我们眼前呈现，赋予了我们一种新的责任。那个娇柔、美好的小生命，那个令我们喜爱、被我们用过多物质包围、如同我们的玩具的婴儿，一定会唤起我们的内心对他的崇拜。

——《发现孩子》，第17页

朱永新解读：

儿童的生理胚胎是有形的，儿童的心理胚胎是无形的。但是，儿童的心理胚胎同样"需要外部环境的保护，需要得到爱的温暖和人们的尊重，需要被它所处的环境完全接受"。所以，一方面，胚胎以它自身的节奏和规律成长，依靠自己的力量在它所处的环境中生存与发展；另一方面，胚胎需要外部良好的温暖的爱的环境支持。

对待这个娇柔、美好的小生命，我们仅仅崇拜自然是不够的，正确的态度是"要试着依靠科学的方法去了解孩子的心理需求，并为他准备好符合其成长需要的环境"。

儿童创造自己的未来

>> 事实上,儿童也在进行着一项创造性的劳动——创造人的劳动。他们在创造自己的未来。他们在为自己身体和心理的成长全身心投入地工作着。

——《发现孩子》,第 49 页

朱永新解读:

正如蒙台梭利说的那样,儿童在来到这个世界时,除了他们所具备的内在潜力之外,可以说是一无所有。"母亲在为他们进行了几个月的工作之后,就将后面的工作都留给了他们,他们要自己去完成。"这同时也意味着,需要儿童自己完成的工作,丝毫不亚于他们的母亲,从工作的艰巨性而言,也许"更为艰辛、更为复杂、更为困难"。

所以,我们应该为儿童着想,应该尊重儿童进行的这种创造性的劳动,应该向他们的劳动致敬!当然,在需要协助的时候,我们要及时帮助他们,及时满足他们身心发展的各种合理需要,激发他们的更多创造。

教育儿童不能违背自然规律

>> 现代文明最可怕的危险之一,就是在教育儿童的问题上违背自然规律,任凭偏见作祟,压抑或摧残儿童。

——《人的成长》,第 98 页

朱永新解读:

蒙台梭利曾经描述过儿童在童年所遭遇的不幸:"他们等于被判无期徒刑,因为整个童年都被监禁。他们被关在空荡荡的教室中,坐在木板凳上,忍受暴君的欺压,甚至必须按照暴君的想法思考,按照暴君的意愿学习,按照暴君的意图行动。"

毫无疑问,这些都是违背儿童发展的自然规律的行为。特别悲剧的是,往往是文明程度越高,我们越容易把自己的意志强加给我们的孩子,就越不容易顺其自然地教育,偏见也就越容易滋生。我们需要时刻提醒自己甚至反省自己。

尽量把所有的事情留给自然

>> 我们应该遵循一条原则：尽量把所有的事情留给自然。婴儿越是能得到自由的发展，他们的身体比例就会形成得越协调，身体机能也会发展得越健全。

——《发现孩子》，第39页

朱永新解读：

蒙台梭利非常重视"自由"与"自然"在儿童教育方面的作用，她认为这两个概念在她的教育体系和教育理念中"处于至关重要的基础地位"，必须严肃地对待。长期以来，有许多对待儿童的无知的办法，如把婴儿捆束起来，以避免他们长成罗圈腿；把婴儿舌头下的韧带割断，让他们到了一定年龄以后才能够自然说话等。所以她指出："自然本身决定着头、耳、鼻的形状；不割断舌头下面的韧带，孩子也能学会说话；腿会自然地长直，行走的能力将自然地产生。我们最好不要对它进行人为的干预。"

亲爱的父母，让我们记住蒙台梭利的劝告吧："去除各种束缚，让婴儿在恬静的状态下生活，让他们始终处于最大限度的安宁之中。"还孩子自由，孩子会还给你成长；还孩子自然，孩子会还给你创造！

老师是学习环境的管理者与维护者

>> 作为一个学习环境的管理者与维护者,老师应专心做好他的工作,不必在意孩子的问题与困难,要相信环境必能使他痊愈。环境的吸引力,会使孩子的意志坚定。

——《蒙台梭利儿童教育手册》,第167页

朱永新解读:

蒙台梭利把教师的工作节奏分为三个基本阶段。第一个阶段就是这里说的管理和维护学习环境,专心做好自己应该做的事情,不必太在意孩子的问题与困难。所以,她要求教师教具陈列要美观、明亮、完好无缺,带给孩子新鲜感;教师自己的衣着要整洁得体,态度要亲切优雅,情绪要饱满热情,"使孩子不自觉地敬重、爱戴他的老师"。

总而言之,与孩子的初次接触,关键是创造良好的环境,注重自身的形象,让孩子在环境和老师的双重吸引之下,愉悦地学习。

不要直接告诉孩子如何解决问题

>> 如孩子碰到困难，老师不必直接告诉他如何解决问题，否则孩子会失去兴趣。因为重点是克服困难，而不是把工作做完而已。

——《蒙台梭利儿童教育手册》，第168页

朱永新解读：

在第二个阶段，老师就要开始处理那些仍然没有步入轨道的孩子的问题。这些孩子的主要表现是"心思散漫、四处游荡、无法专注于任何事物"。这时的老师应该善于诱导，使用各种技巧来抓住孩子的注意力。"可以给他做一些虽不喜欢、也不讨厌的工作"。这时，老师就要进入第三阶段——"通常先借助一些简单的日常生活工作让孩子产生兴趣，老师就要退到后面去，绝对避免干扰"。

所以，在让孩子进入了工作的状态后，就不要轻易地去打扰他，哪怕是好意的赞美，也可能会使孩子兴味索然。而在孩子遇到困难的时候，当务之急也不是告诉他们如何解决问题，而是要为他们创造克服困难的条件，让他们自己解决问题。

帮助孩子不要凭一时冲动

>> 老师不要凭一时冲动去帮助孩子,一定要注意运用理智,把握分寸,因为施予者可能比接受者得到的快乐更多。我们应该在无形之中给儿童提供帮助。如果儿童发现了这种帮助,他们就不会认为那是帮助,而只是把它当成自然而然的东西了。

——《有吸收力的心灵》,第 217 页

朱永新解读:

成人有帮助孩子的冲动。无论是父母还是老师,总喜欢自觉不自觉地帮助孩子,其实,对成长中的孩子来说,这是最为扫兴的事情,因为,"儿童的兴趣不只是在于动手,还在于克服他在这个过程中遇到的困难。假使老师要帮助他们来攻克难关,他们对这件事情的兴趣就没有了"。所以,"不打扰孩子"应该成为父母与老师的座右铭。蒙台梭利认为,这是一种非常高超的技巧,既要关心孩子,又要不打扰孩子;既要关注他们,又要尽可能不被他们察觉。她主张要把不打扰孩子提高到心理的高度来认识——帮助有可能导致傲慢。

亲爱的父母,请好好理解蒙台梭利的这段文字吧,即使给孩子帮助,也应该于无形之中。尽可能让孩子自己解决问题、克服困难,是对孩子最好的帮助。

孩子能够不断地进行自我纠正

>> 孩子想要达到其预期目标的信念引导着他不断地进行自我纠正。不是哪个老师让他注意到自己的错误，而是孩子自己才智的复杂劳动导致了这样的结果。

——《蒙台梭利儿童教育手册》，第 58 页

朱永新解读：

蒙台梭利的工具箱里，有许多供孩子们动手的智力玩具。后来的许多智力测验内容，就是根据这些玩具改进的。如给孩子一块木板，上面有许多大小不一的孔。再给孩子许多不同形状的圆柱体，相对应不同的孔。老师可以先示范，把不同的圆柱体放入不同的孔中，再取出来，打乱，让孩子们努力把不同的圆柱体放入相应的孔中。她发现，孩子们是在不断尝试错误的过程中完成任务的。也就是说，孩子们是可以在目标的指引下，不断地进行自我纠正来实现目标的。

所以，亲爱的父母，应该尊重孩子们这种自我纠正错误的能力。只有自我纠正，才能增强孩子的信心，形成孩子的智慧。

克制自己想要帮助儿童的冲动

>> 我们已经努力给儿童提供一切所需了，现在必须做的只剩下克制自己想要帮助儿童的冲动，安静地在一旁观察，和儿童保持适当的距离，既不常去干扰，也不放任其自由。

——《家庭中的儿童》，第 94 页

朱永新解读：

蒙台梭利介绍说，在她的学校里，"当老师被降为观察者的角色时，儿童反而能够自发地进行他们自己的活动，这一点和普通学校的教学正好完全相反"，因为在普通学校中老师一直扮演着主动的角色，儿童则处于被动的状态。

作为父母，我们总是抱有帮助孩子的冲动，看见孩子艰难地拿饭勺吃饭，不如干脆喂他爽快；看见孩子磨磨蹭蹭穿衣服，不如三下五除二帮助他套上衣服便捷。但是你一定要记住，你可以帮助孩子一次两次十次八次，但是不可能帮助他们一辈子。孩子总要自己面对他的世界，他所有的事情都需要自己去面对。所以，"保持适当的距离，既不常去干扰，也不放任其自由"，是最得体最有效的帮助孩子的方式。

人类的第一个老师是儿童本人

>> 人类的第一个老师是儿童本人,更确切地说,是无意识中引导儿童的生命冲动和宇宙规律。引导他成长的不是我们所说的"儿童的意志",而是一种神秘的意愿。我们应该接受这样的意愿,并以之作为我们帮助孩子成长的引导。

——《人的成长》,第 25 页

朱永新解读:

我们说人类的第一个老师是儿童本人,不是否定父母和老师的作用,相反,是要求父母和老师充分认识到自己的角色定位,要学会顺应儿童的身心发展规律,顺应儿童成长的内部动力。

之所以如此,是因为我们还远远没有掌握儿童发展的规律,远远没有发现儿童成长的真正秘密。童年这个"黑匣子",我们其实只是刚刚发现了它,但并没有打开。

所以,顺应儿童的"生命冲动和宇宙规律",根据"儿童的意志"去帮助儿童,才是教育最正确的选择。

内在的驱动力推动成长

>> 在成长过程中,人的潜意识当中有一种内在的驱动力推动着人的成长,正是这种内在的驱动力促成每一个体的构建。如果给予孩子充分的成长机会,并配合其内在需要,使他们能尽全力实现自身的发展,那么成长本身就会给他们带来极大的快乐。

——《人的成长》,第55页

朱永新解读:

蒙台梭利指出:童年是一个引导儿童长大、成熟和自我完善的"内在生活"阶段。也就是说,在儿童成长的这个关键时期,有一种"内在的驱动力"推动着他们成长,促进每个个体的构建。这个时候,所有外在的力量,都应该配合和辅助儿童的内在的驱动力,帮助他们全力以赴实现自身的成长。只有这种来自内在需要的成长,才能够给儿童带来真正的快乐。

蒙台梭利举例说,儿童经常会出现一些淘气甚至逆反的行为,这些行为其实往往是他们的"一种自卫或无意识中绝望的表现",是因为环境缺乏相应的刺激而呈现的"心智饥渴焦虑"。如果能够及时满足他们的这种需要,问题就可迎刃而解。

亲爱的父母,要想满足这些需要,首先需要我们相信,孩子生命中的内在驱动力在驱使孩子积极成长。对孩子的这种信任,是满足孩子心灵需求的基础。

给儿童自己做事的机会

>> 问题的另一个原因是,儿童缺少创造性活动的机会。这样的儿童很少能够获得充分的发展。他们除了睡觉之外很少做其他的事情。他们还常常被留下来一个人独处。很多时候,成人为他们做好了所有事情,而不给他们自己做事情的机会。

——《有吸收力的心灵》,第150页

朱永新解读:

儿童是在行动中长大的。做事情的机会越多,儿童成长的可能性越大。针对许多父母担心儿童太小,不能够单独承担许多事情的情况,蒙台梭利告诫说,如果儿童缺少做事情的机会,只是不停地睡觉,无所事事,就不可能有充分发展的机会。很多父母由于担心孩子不会做事情,也有很多父母觉得孩子做得不够好反而给自己增添更多麻烦,总是为孩子安排好一切,结果剥夺了孩子自己成长的可能性。

亲爱的父母,只要是孩子能够做的,一定让他们自己做;即使他们还不太会,可以帮助他们尝试着自己做。自己做了,就能催生成就感。自己做了,就能提高独立性。自己做了,就能增强行动力。正是在这样的过程中,孩子"事复一事"地成长。

儿童独立性的发展如离弦之箭

>> 儿童独立性的发展犹如离弦之箭,具有不可阻挡之势。儿童从刚刚出生起就踏上了追求独立的旅程。

——《有吸收力的心灵》,第 63 页

朱永新解读:

蒙台梭利认为,儿童要求独立是他们自然成长的一项基本要求。也就是说,如果我们能够对儿童的自然成长给予足够的关注,儿童就能够逐步实现独立。这种要求,不仅表现在心理的成长方面,身体的成长也同样如此。独立的要求会持续人的一生,直至死亡才会停止。

我曾经把儿童的第一声啼哭视为他们的独立宣言,把儿童的第一次行走视为他们的独立行动。这与蒙台梭利的观察研究不谋而合。蒙台梭利认为,儿童通过语言与他人进行交流,是其独立进程的关键一步,而学会走路对他们走向独立更是具有十分重要的意义。

亲爱的父母,溺爱与漠视是错误的两个极端。尊重孩子的独立需要,呵护孩子走向独立,才是我们应该努力去做的。

儿童的凝聚力

>> 人类社会中唯一一个不缺少这种凝聚力的群体就是儿童。儿童产生这种凝聚力由自然的神秘力量来指引。我们一定要懂得珍惜，因为无论是人的性格还是某种社会情感，都是生命本身的产物，而并不是从老师那里获得的。

——《有吸收力的心灵》，第182页

朱永新解读：

儿童天然地具有合群的倾向，天然地具有社会凝聚力。蒙台梭利认为，这种凝聚力是儿童与生俱来的，是儿童"社会胚胎最神奇的创造，带有神圣感"。在6岁以后不久，儿童的这种社会性就开始出现，既有了解别人的行为的愿望，也有服从领导遵从规则的能力。

亲爱的父母，要尊重儿童的这种社会凝聚力，尊重他们交往的需要，鼓励儿童发展友谊等人际关系的情感。情不通则理不达，情感的丰沛是一种强大的力量，能够促进孩子的成长。

生命本身会表现它自己

>> 生命本身会表现它自己,生命会创造,生命会给予。反过来,生命会受到一些无法逾越的自然规律的限制和束缚。物种固有的特性不会改变,它们仅仅只会变异。

——《蒙台梭利的儿童教育方法》,第36页

朱永新解读:

  生命的力量是值得敬畏的,生命的奇迹更是值得赞叹的。当然,生命也会因为环境等影响其正常的发展。蒙台梭利举例说,棕榈树在热带地区就能够繁殖得很好,但是在寒冷地区就无法生存。

  所以,亲爱的父母,教育孩子时,我们要记住:一方面,我们要充分相信生命的顽强力量,另外一方面也要尊重生命的客观规律,为生命的成长创造良好的外部环境。双管齐下,才会造就生命的奇迹。

人通过运动表现出自己的工作

>> 人通过运动表现出自己的工作。人的工作是自己思想的外在表现,而与此同时,这也使他的内在运动潜能得以发掘。如果一个人无法使他的整个肌肉组织得以发展,或者只是让他的肌肉进行着繁重的体力劳动,他的心理也会由于运动的原因而停留在一个较低的水平上。

——《有吸收力的心灵》,第110页

朱永新解读:

人们通常错误地认为,运动和肌肉系统只是对呼吸、循环系统和身体的强壮有帮助。其实不然。蒙台梭利认为,运动对心理和精神的发展具有重要的作用。如果没有运动,健康与发展是无法实现的,儿童正是依靠运动协调能力使自己的心理得以完善的。她认为,工作其实是运动的一种形式,"从不进行工作的人会处于一种不良的心理生命状态"。

亲爱的父母,根据用进废退的原则,运动对人具有特别的意义,人的各种精细的能力,包括体操、钢琴、舞蹈能力等,都是在运动的过程中不断练习而成长起来的。让孩子们动起来吧!

孩子内心有一个"老师"

>> 我们一定要认识到，3岁的孩子内心有一个"老师"，一直准确地引导着他们。

——《发现孩子》，第36页

朱永新解读：

儿童内心的"老师"，其实就是蒙台梭利说的"潜意识的心智"。儿童有自身成长的节奏，会按照自己的"花期"绽放。"如果老师给他们自由的空间，不去干涉他们，他们就会专心地投入工作。"所以，无论是老师，还是父母，要尽可能尊重儿童发展的这种节奏，不要过多地干涉、打扰他们。

耐心，是孩子成长过程中需要我们成人具备的最重要的品质之一。让孩子跟着自己内心的"老师"成长，是最有效的成长。

为孩子每一点新的进步高兴

>> 如果我们认为教育是为了帮助儿童发展,那我们可能会发现,我们能做的只是站在一边,看着孩子的每一点新的进步,为他们感到高兴。正是因为我们知道无法对他们提供实质上的帮助,我们才会对他们的每一点进步感到更加欣慰。

——《有吸收力的心灵》,第 67 页

朱永新解读:

蒙台梭利反复强调,教育最重要的事情就是向儿童提供良好的环境,以保证大自然赋予儿童的各项能力得到充分的发展,这也是自然的基本法则。

亲爱的父母,一方面,我们努力做好孩子的"啦啦队",为他们的成绩喝彩,为他们的进步加油,为他们的美好开心;另外一方面,我们尽可能遵循儿童发展的自然规律,在孩子需要帮助的时候帮助他。双管齐下,就是最好的教育。

婴儿的第一本能就是拒绝帮助

>> 婴儿的第一本能就是拒绝别人的帮助,自己去做事情。他们争取独立的第一个有意识的要求就是:保护自己,免受他人的阻碍,通过自己的努力达到自己的目标。

——《有吸收力的心灵》,第 69 页

朱永新解读:

蒙台梭利认为,独立,是婴儿的第一本能。"儿童通过自己的行为来争取身体和思想上的独立。他们不关心其他方面,只想自己学习知识,吸收周围世界的经验,并通过自己的努力达到这一目的。"而作为父母,给予孩子自由和独立,"就是在给予一个不停劳动的工作者自由和独立"。

亲爱的父母,蒙台梭利不厌其烦地告诉我们,尊重儿童的独立性,把自由和独立还给孩子,这是因为,只有获得自由和独立,儿童才可能得到真正的生存和发展,儿童的成长才会拥有广阔的空间。

语言点燃了儿童的创造力

>> 在语言发展期,孩子身上犹如有一团火,点燃了创造能力。

——《人的成长》,第 129 页

朱永新解读:

儿童对语言和文字有着天然的兴趣。掌握语言或文字,是他们来到这个世界的第一次征服,是他们真正掌握的一个开启世界之门、与他人进行交流沟通的重要工具。所以,蒙台梭利在她的学校里多次看见孩子们像游行一样,"举着一些写有字母的纸牌,高声欢呼,表达他们的喜悦"。

所以,关注孩子语言的敏感期,丰富孩子早期的语言环境,帮助孩子形成对语言与文字的浓厚兴趣,是一个重要的教育方法。

儿童能很快适应时代的文明程度

>> 儿童能够很快地适应其所降生的时代的文明程度。不管他们生活的世界文明程度是高是低,他们都能够把自己变成一个与这种文明相协调的人。这说明,在人类社会,婴儿期对个体发展的真正功能就是使我们具有适应性。我们要让自己建立起一套行为模式,以便使自己能自由地融入这个世界,进而影响这个世界。

——《有吸收力的心灵》,第 51—52 页

朱永新解读:

儿童的适应能力是超强的。无论他降生在何处,他对那片土地总是充满着眷恋和热爱。正如蒙台梭利所说,对儿童而言,他们对生养自己的环境非常喜爱,不管那里的生活多么艰难,他们都能感受到从其他地方无法获得的快乐。成年人只是把儿童的这种快乐和喜爱延续下去而已,因为,"他们在内心深处已经属于生他养他的环境,他们必须去爱这片土地,他们在其他任何地方都找不到这种平和与愉悦"。

所以,我们一方面要充分重视儿童的适应性,一方面又要尽可能提供给儿童更好的环境,让他们从开始就适应更好的环境,从而创造更好的文明。

人最基本的权利就是自我『培养』的权利

>> 我们的恳切的期望，总有一天会让人们认识到：人的最基本的权利，就是自我"培养"的权利。它不受压抑，不受奴役，能从环境中自由地选择自身发展的方法。总之，我们只有在教育中才能找到与"个性"相联系的解决社会问题的基本方法。

——《蒙台梭利幼儿教育科学方法》，第739页

朱永新解读：

蒙台梭利不止一次地说，父母和老师不能够把孩子当作"植物和花朵"，因此也不能够简单地把自己当作园丁。因为，孩子们绝不可能成为一株我们所希望的"带着天使般花香的植物"，他们应该是智力活动的主体，应该成为"具有高度自觉自主的智力活动的人"。

亲爱的父母，成长是儿童的权利。自我培养，是儿童作为人的最基本的权利。所以，我们不能够限制这种权利，不能够压抑儿童、奴役儿童，而应该做他们自我培养的协助者。

我们怎样给予儿童自由?

>> 我们不是精神的缔造者,也不是物质的创造者。是自然或"造物"掌管一切。如果我们确信这一点,我们就必须把"不为自然发展设置障碍"作为一个原则而加以承认;同时,不要去对付许多孤立的问题(比如,什么最有助于发展个性、智力和情感?)。只要一个问题就可以揭示出教育的基础,那就是:我们怎样给予儿童自由?
>
> ——《蒙台梭利幼儿教育科学方法》,第600页

朱永新解读:

蒙台梭利曾经声称,"自由",是她提倡的教育体系的"不可动摇的基础"。她认为,只有给儿童真正意义上的自由,儿童的性格、智力和情感才能够得到最大的发展,而父母、老师等教育者,才有真正的宁静,才能够静下心来注视孩子成长的奇迹。

但是,在日常生活中,我们总是不甘心把自由给我们的孩子。而一旦做到了这一点,就能够把父母和老师们"从虚幻的责任与危险的幻想所造成的痛苦重压中解救出来"。所以,亲爱的父母,你一定要知道:真正对孩子负责任,不是限制孩子,而是给他们自由。拥有自由,孩子才会有成长的空间。

儿童拥有一种积极的精神生活

>> 人们所面临的最大问题之一,就是他们并没有认识到这个事实,即儿童拥有一种积极的精神生活,虽然当时儿童并不能把它表现出来,而且儿童必须经过一个漫长的时期才能秘密地完善这种精神生活。

——《童年的秘密》,第 47 页

朱永新解读:

儿童意味着成长,而且儿童总是微笑着成长。虽然他们在需要得不到满足的时候会哭哭啼啼,虽然他们在不舒适时会吵吵闹闹,但总的来说,儿童的世界是充满阳光的。儿童是天生的乐天派,他们的积极精神生活是原色彩。他们只是在挫折中,在成人的指责中,在伙伴的嘲笑中,渐渐地退缩、消极起来。

就像一株生长在田野里的花儿一样,也许你看不见它们绽放的过程,听不见它们拔节的声音,但是只要有阳光、雨露,有肥沃的土壤,它们最终会悄然怒放。要充满耐心地等待着儿童的花朵在自己的世界里自然开放,我们要做的只是等待、呵护、尊重、欣赏。

儿童是在遵循自然的法则行事

>> 如果我们对儿童进行观察就会发现，他们总是想扩大自己的独立范围，总是希望根据自己的意愿行事，想自己拿东西，想自己穿衣服脱衣服。这些都不是我们要求儿童做的。他们的愿望是如此强烈，以至于我们常常本能地想去阻止他们。但是我们要知道，我们阻止的不是儿童的行动而是自然法则，儿童的行为是由自然法则引导的，儿童是在遵循自然的法则行事。

——《有吸收力的心灵》，第67—68页

朱永新解读：

蒙台梭利指出，成人给儿童的全部自由，就是让儿童独立或者让他们正常地发展。她说，这是她"根据对生命和自然的观察得到的准确的事实"。她认为，独立是儿童生命成长的需要。"生命不能停滞不前，独立也不是一个静止的状态，它是一个不断征服的过程。为了达到自由、强壮和完美，只有走过不懈努力这条必经之路。"

亲爱的父母们，千万记住，不要阻止儿童的独立行为，不要束缚儿童的手脚，在不影响健康和安全的前提下，应该允许甚至鼓励他们做自己想做的事情。我们应该相信，儿童正在循着自然的脚步，跟着自然法则的引导而前行。

独立可以使儿童快速地发展

>> "人通过努力而达到独立",这就是独立过程的哲学概念。独立就是能够不依靠他人的帮助而做一件事情。独立可以使儿童快速地发展,否则儿童的发展将会变慢。我们只有记住了这个观点,才会知道我们应该怎样对待儿童。这些观点有效地指导了我们对待儿童的方式。尽管帮助儿童是我们的天性,可是上述的理论告诉我们,不要为儿童提供过多的、没有必要的帮助。

——《有吸收力的心灵》,第117—118页

朱永新解读:

人因为努力而独立,人因为独立而成长。蒙台梭利认为,儿童独立的重要标志就是可以独立行走。自己独立地完成了坐起、翻身、爬行、站立、行走的程序以后,儿童终于可以对这个世界大声地说:"我能够自己走路了,我自由了,再见!"

尊重儿童的独立要求,儿童能够自己做的事情就让他自己去做,这是培养孩子独立性的基本法则。蒙台梭利认为,如果儿童已经真正地独立了,成年人的帮助反而会成为他们法则的障碍。

亲爱的父母,记住蒙台梭利的话:千万不要给孩子过多的、没有必要的帮助!

独立自发学习工作

>> 在蒙台梭利教学法中,活动的主要部分由儿童主导。一旦儿童到了能够做出具有行为意义的举动的年龄,就可以主动地反复进行一些涉及推理过程的工作练习,儿童也能够以此继续他的自我教育。儿童用这样的方式,完全独立自发地完成学习工作,老师完全不介入。

——《家庭中的儿童》,第 129—130 页

朱永新解读:

蒙台梭利告诉我们,在她的教育体系中,利用各种不同的教具进行感官的刺激,从而唤醒儿童的安全感,是一条重要的方针。在这个过程中,教师的作用主要是提供教材用具,适当地简单示范介绍教具的使用方法,"之后,就让儿童自己展开他的学习之路"。所以,这种方法的主要目的,就是唤醒和发展儿童的精神力量,而不是简单地把知识灌输给儿童。

为了让儿童能够全身心地活动,蒙台梭利不主张在儿童集中注意力工作时在一旁纠正他们的动作,或者突然给予赞美表扬,因为这样反而会打扰儿童。所以她提出了"静默游戏"的教学法,即老师不用言语鼓励,而是以沉静的神态肯定儿童的表现。

亲爱的父母,让我们学习这种"静默游戏"吧,有时候,沉默是金,在教育中,肢体语言也非常重要而且非常有效。

一切都会在儿童的脑子里盘桓酝酿

>> 孩子之所以能集中心思于他脑子里的事,就是因为在前一个时期(0—3岁)他从环境中所吸收的一切。任何他所获得的东西都会留在脑子里盘桓酝酿,书写的爆发就是由于他先前学会了口语、说话。语言的敏感期在五岁半到六岁间开始式微,只有在这个年龄开始学习书写才会使他兴奋,并乐此不疲,他到了八九岁就没有这样的热情了。

——《蒙台梭利儿童教育手册》,第21页

朱永新解读:

我曾经说过,儿童的大脑是一个我们无法想象的储存器,是一台我们无法想象的巨型摄像机。他看到的一切,听到的一切,经历的一切,都毫无例外地被捕捉,被发现,被记录,被储藏,被加工。这就是蒙台梭利所说的,他从环境中能够吸收一切,并且在头脑中"盘桓酝酿"。

儿童的这种"间接预备"其实早在胚胎期就开始了,他绝不是一张白纸来到这个世界的。而且,他时刻在进行着这样的"间接预备"。

亲爱的父母,我们千万不要小看了孩子们的学习能力,要及时满足孩子们的学习愿望。在他学习最敏感的时期,给予最及时的帮助。

了解儿童 通过行为的方式

>> 儿童想知道的事情很多，他们总是乐此不疲。目前，我们在儿童心理学方面还有很多错误的认识。这说明我们根据那些想当然的原则去指导儿童是不行的，因为我们还不是很了解儿童。只有儿童自己才能教我们怎样去了解他们。我们需要通过儿童行为的方式去了解儿童。

——《有吸收力的心灵》，第137页

朱永新解读：

3—6岁的儿童对这个世界充满了好奇。他们会经常要求父母或老师为自己解释很多事物与现象，他们提出的那些连珠炮一样的问题，会让父母或其他成人应接不暇。面对这些狂轰滥炸的问题，我们唯一能做的就是不厌其烦地回答，既不能敷衍了事，也不能长篇大论，而应该简明扼要，"凭借一定的智慧去满足儿童这种发自想象力的需求"。

儿童不仅通过语言提问，也通过行动去探索。蒙台梭利说，儿童对感兴趣的事物存在着潜意识的目的，他们希望努力协调自己的活动去控制这些事物，会专注地重复一些行为，一直做到精疲力尽。

我们应该尽可能鼓励，尽可能协助儿童去探索世界。只有这样，他们才能够保持对学习与探索的热情，才会持续地行动，并在行动中迅速成长。

老师不是孩子贴身的仆人

>> 蒙台梭利老师不是孩子贴身的仆人,要替他清洗、穿衣、喂食。孩子必须自己学着做这些事,以使自己独立。我们必须帮助孩子为自己行动、自己作决定、自己思考,这是为心灵服务的艺术。

——《蒙台梭利儿童教育手册》,第169页

朱永新解读:

在蒙台梭利看来,一个理想的好孩子应该具有这样的风貌——"一个不知疲倦的工作者、一个尽全心全力的平和工作者;会帮助弱小,同时懂得尊重别人的独立"。而这样的孩子形成的前提,是老师能够真正地懂得孩子,能够"透视童年之秘"。所以,老师不能成为孩子的贴身"仆人",帮助甚至代替孩子做这做那,而应该尽可能让孩子自己行动自己决定自己思考。这是老师为孩子成长服务的诀窍。老师的真正快乐,不是升官发财,他应该"向往透过孩子获得更大的精神快乐,对他来说,这就是天堂"!

亲爱的父母,从老师的快乐中,我们会得到怎样的启示呢?

孩子应通过自发教育而具有预见能力

>> 孩子应该通过自发教育而具有预见能力。当他知道种子已经播种在土地里，植物要依靠他辛勤地浇水和施肥，才能长得很好，不会干枯；那些动物，也需要他精心地喂养和呵护，才不会遭受饥饿。孩子会变得警觉，他开始感觉到他的生命中有了一个使命，而且，有一个相当不同于他的妈妈和老师呼唤他要尽职尽责的使命，他永远不会忘记现在正承担的责任。

——《蒙台梭利的儿童教育方法》，第 69 页

朱永新解读：

　　自然教育的第二个方法，就是在孩子与生物之间建立起一个"神秘的微妙关系"，通过这种主动的自发教育，让孩子逐渐有能力预见接下来会发生什么。如：让孩子们种下一粒种子，然后观察它发芽、长大、开花、结果的过程；给正在孵蛋的鸽子喂食，不久可以看到小鸽子的诞生；观察兔笼子里一对寂寞的大兔子，突然间多出了一只活泼的小兔子；等等。这样，孩子们不仅建立起自己与这些动植物的关系，也建立起初步的事物之间的因果联系，而且能够产生强烈的自豪感，激起他们内心真实细腻的情感，因为他们参与了这些生命的诞生与成长的过程。

　　所以，亲爱的父母和老师，在你们的家里，在你们的教室里，不妨让孩子们养一些小动物和植物，让孩子们感受生命的成长，学会热爱生命吧！

"大"保护"小"和"小"尊重"大"

>> 在我们的学校里,年龄大的孩子认为向年龄小的孩子提供保护是理所应当的。这种"大"保护"小"、"小"尊重"大"的气氛在学校里相当浓厚。每个班级也都具有很强的凝聚力。最后,孩子们对彼此的性格都有了了解,并且能够互相帮助。

——《有吸收力的心灵》,第175页

朱永新解读:

把学生按照年龄分组是我们习以为常的做法。但是,这个做法却受到了蒙台梭利严厉的抨击。她认为,把人按照年龄分隔开来是"一件非常冷酷而又不符合人性的做法"。对儿童来说,这种做法会打断社会生活之间的联系,使人与人之间失去互相学习的机会。她认为,"将不同年龄的孩子安排在一个班级里才是最重要的分班方式。"在这样的班级里,大孩子与小孩子可以互相帮助、互相学习,具有较强的凝聚力。

我在访问俄罗斯时也发现,许多学校都是从小学到高中一体化,而且学校规模控制在600人左右,学生上学在家门口,校长也熟悉每个孩子。相对而言,现在我们的幼儿园和中小学过分强调了按照年龄分隔,甚至人为地把九年一贯分为小学和初中,把中学的初高中也人为地分开。

由于我们学校体系的原因,孩子们很少有机会与不同年龄的孩子交流、游戏。亲爱的父母,我们应该尽可能创造条件,让孩子有机会结识"忘年交"。

成长是一种从无到有的创造

>> 对于人类来说，成长不只是一种简单的发展，还是一种从无到有的创造。幼儿在心智上跟成人很不相同，他们凭自己的天赋创造出很高的成就——不仅掌握了语言，更发展了说话的器官，还创造出各种各样的身体动作和表达智慧的方式。这并不是孩子受到有意识的"意志"主宰而实现的，而是他们通过潜意识的心智来完成的。这是一种不可思议的智慧。

——《发现孩子》，第 22 页

朱永新解读：

蒙台梭利认为，儿童具有一种不可思议的"潜意识的心智"，这种心智让他们凭借着自己的天赋就能够创造出不可思议的成就。她举例说，围绕着儿童的声音有无数种，但儿童为什么能够单挑人的声音进行模仿呢？这是因为"人类的语言在孩子的潜意识心智中具有特殊的印象，从而引发出一种特殊的感情，使他的肌肉纤维产生一种共振，能够复制类似的声音，而其他的声音就不能引发这种行动"。也正是这个原因，儿童会对环境进行特别的选择，对其中的一些东西表现出浓厚的兴趣。

所以，亲爱的父母，尊重这种成长的力量吧，尊重儿童蕴藏着的创造力，从而更充分地挖掘儿童的潜力。

靠自己的能力克服困难

>> 我们会注意到孩子们有一种极力向外扩展的个性，他们有主动性，他们选择自己要做的事并坚持做下去，他们根据自己内在的需要来改变它。他们不逃避做任何努力，相反是努力探索并满怀喜悦地靠自己的能力克服困难。

——《蒙台梭利儿童教育手册》，第105页

朱永新解读：

在蒙台梭利看来，保持孩子们的求知热情是真正能够引导孩子的秘笈。这也不是什么难不可及的事情，只需要"老师能够尊重孩子，冷静和耐心地对待孩子，在孩子做练习或行动时任由其行事而不过多地干预他"。所以，最好的办法是"静观其变"，这也是教育者应该记住的箴言。

当然，这里说的"静观其变"，不是毫无作为，而是"随时准备分享孩子的快乐和他们所经历的困难。当他们需要我们同情时，我们应该积极而热情地回应他们。让我们对他们的缓慢进步保持无尽的耐心，并对他们的成功显示出我们的热心和兴奋"。所以，亲爱的父母，相信孩子的主动性，相信他们克服困难的能力，学会为他们喝彩加油吧！

人类是永远处于可塑性的童年状态的生物

>> 人类是唯一能够经由自身活动不断改变外在世界的生灵，并因此而带来文明的发展。人类不像其他生物那样，拥有天生固定的行为。借用近代某个生物学家的话来说，人类是永远处于可塑性的童年状态的生物，因为他不断地持续发展。

——《人的成长》，第82页

朱永新解读：

婴儿刚刚生下来时，远远没有其他动物强大。牛、马、羊等几乎一出生就能够站立，还在哺乳期就能够跟在母亲身后奔跑。蒙台梭利认为，这恰恰是人的可塑性更强的证据。因为"人类未由遗传获得固定的行为"，人才有可能创造更大的可能。这个可能，在儿童后来的发展中得到了证实，而且，由于借助了语言文字，借助了劳动工具，人类的可能性具有无限的空间，人类的可持续发展也具有无限的空间。

所以，作为父母和教师，相信孩子的可能性，是教育的重要前提；相信自己的可塑性，则可以借助自我教育来挖掘无限潜力。

培养儿童独立的个性

>> 我们必须尽可能支持儿童活动的意愿；但不是"服侍"儿童，而是培养儿童独立的个性，不让儿童养成依赖的习惯。

——《家庭中的儿童》，第117页

朱永新解读：

蒙台梭利把"培养儿童独立的个性，不让儿童养成依赖的习惯"作为她家庭教育的第二条重要原则。她指出，儿童开口说第一个字和生命中迈出第一步，是儿童发展过程中两个具有里程碑意义的事件，第一个字开启了语言的发展，第一步则证明了直立和行走的能力。但是，在这两件事发生的前后，儿童有许多需要学习和探索的任务。在这个过程中，一方面要尽可能支持他们，另一方面要注意培养他们的独立性。

以吃饭为例，蒙台梭利说：大约在一岁前，儿童会努力尝试自己用汤勺吃东西，尽管这个时候手还不灵活，会把身上弄得脏兮兮的，但是他们的脸上会"闪耀着愉悦、聪慧的神采"，这是因为他们自己动手的需要得到了满足。

亲爱的父母，培养独立性，防止依赖性，是教育的一条重要原则。但是，这个原则不是空洞的道理，而应该从每件小小的事情开始做起！

两种不同的心理状态

>> 儿童的内心存在着两种不同的心理状态：其一是自然而富有创造性的，也是正常、积极的一面；其二是被迫的、消极的，主要源自强者对弱者的长期压制。这个发现让我们对儿童有了全新的认识，也给我们幽暗的漫漫长路提供了一丝光亮，引领我们走向新教育的康庄大道。

——《家庭中的儿童》，第146页

朱永新解读：

每个人的心中都有两个自我，一个是积极的我，一个是消极的我。儿童也是如此。正如蒙台梭利说的那样，儿童的内心存在着两种不同的心理状态：一种是纯真、勇敢、自信的，这是儿童社会性发展的表现；一种是害羞、恐惧、说谎的，这是父母、老师等成人用压制等不正确的教育方式形成的。蒙台梭利认为：父母压制儿童，就是造成许多无法解决的问题的祸首；相反，如果给儿童以自由愉悦，你就能够与他们"共享平和温馨、惊奇处处的新世界"。

亲爱的父母们，记住蒙台梭利的劝告吧：不要做一个"集威严权力于一身的完美圣人"，而要做一个"谦逊有礼、满怀爱心帮助儿童的人"。

自然的『秩序』形式

>> 当我们抬头仰望夜空中璀璨耀眼的群星,看到它们忠实地运行在自己的轨道上、坚定不移地守在自己的岗位上时,我们会不会想:"啊,星星多么良善听话!"不,一定不会的。我们只会说:"星星遵循着支配整个宇宙的自然规律。"我们还会感叹:"宇宙的秩序真是太奇妙了!"在孩子的行为中,显然存在着某种自然的"秩序"形式。

——《人的成长》,第51页

朱永新解读:

蒙台梭利认为,在儿童的行为中,存在着某种自然的"秩序"形式。这个"秩序"不代表良善,也不能够证明人性的善与恶,它只能够证明"大自然在建构人的过程中,遵循一种预定的秩序"。这个"秩序"与天空的星星有序地运行一样神奇,不以人的意志为转移。

无论是儿童还是成人,首先必须进入这个"自然法则的秩序",然后才有可能在此基础上提升自己,进入"超自然"的层面,达到"善"的境界。

亲爱的父母,我们的家庭教育,也要遵循这个"秩序"的规律,才能帮助孩子更好地成长。

成人经常犯的错误

>> 成人深信自己必须在儿童身上"创造"一个人，认为这个来到自己家中的人将来所拥有的智慧、才干与个性都是自己的杰作。于是，自豪与焦急的责任感同时产生。那个孩子必须对他的创造者、对他的拯救者抱持无限的尊敬与感激之情；如果稍有反抗，便是犯错，必须得到纠正，必要时成人甚至不惜动用暴力。那个孩子要达到完美，必须完全处于被动状态，也就是唯命是从。他完全是父母的寄生虫，只要还是家人的经济负担，他就必须完全仰赖父母。他永远只是"孩子"！

——《人的成长》，第 70—71 页

朱永新解读：

　　一百年前蒙台梭利的论述，现在依然可以形容我们许多父母的心态和行为。他们迫不及待地在孩子身上打上自己的烙印，迫不及待地想让孩子实现自己未曾实现的梦想。"自豪与焦急的责任感同时产生。"因此，他们希望孩子言听计从，希望孩子按照他们的设计、他们的安排去生活。因此，所谓的"乖乖孩"就成为父母眼中的宝贝疙瘩，而不听话的孩子父母轻则训斥谩骂，重则拳打脚踢。

　　亲爱的父母，一定要记住，孩子不是你们的私有财产，也不是你们能够随意捏塑的橡皮泥。孩子有自己的天赋才能、成长节奏与发展规律，你们只能够尊重、帮助、引导，而不能压抑、强迫、替代。

克服成人对儿童的偏见

>> 解放儿童并指明其能力的最大困难,并不在于寻找某种成功的教育方法,而在于如何克服成人对儿童的偏见。

——《人的成长》,第 73 页

朱永新解读:

蒙台梭利认为,儿童身上蕴藏着无尽的财富与能量。儿童完全能够"建构自我",因为儿童身上内在地"有一个遵循一定教育规划和技巧的导师",如果成人心底里认可,"就能够有幸成为这个不知名的导师的助理和忠仆,以合作者的身份帮助他"。

所以,解放儿童,相信孩子,这是教育最简单的原理,也是最深刻的道理。不要急于寻找什么成功的教子之道,关键是消除对儿童的偏见与成见,建立起对儿童的根本信任。

老师的悠闲是成功的表征

>> 蒙台梭利老师在事先要花很多时间准备。之后老师的悠闲与被动,是成功的表征,表示任务的顺利完成。承蒙祝福的老师,是那些已经把他的班级带到一个阶段,他可以说:"不管我在不在,教室一样照常运作,这个团体已经完全自立了。"

——《蒙台梭利儿童教育手册》,第 167 页

朱永新解读:

蒙台梭利曾经表示,人们对于蒙台梭利学校的方法总是有不同程度的误读。认为这个方法对老师的要求并不高,只要尽量避免干预孩子,让孩子自己活动就可以。其实远远不是如此简单。老师的功夫在课堂之外,老师在事先的准备上,无论是对每个孩子的了解,还是对所教学科的把握,都是需要花费大量时间的。因为成竹在胸,所以显得轻松自如、应付裕如。

所以,高明的父母与优秀的老师一样,总是显得悠闲轻松,而不是手忙脚乱,疲于奔命。

老师对孩子应有不可动摇的信心

>> 蒙台梭利老师对孩子有信心，孩子终究会借工作显露其本性。即使有各种偏差行为的孩子来到他面前，都不动摇其信心；他眼中的孩子具有不同的精神特质，他相信一定会看到孩子因受工作的趣味吸引，最终展现其本质，他等待孩子发出专注投入工作的讯息。

——《蒙台梭利儿童教育手册》，第167页

朱永新解读：

蒙台梭利曾经说，任何其他学校的老师，是不能立刻成为蒙台梭利学校的老师的。而成为蒙台梭利学校的教师的最重要条件，就是必须经过"重新塑造，摒弃所有教育的偏见"，建立起对儿童的根本信任。无论孩子多么顽皮，多么"不可救药"，都不能够动摇对他的信心。这与我们新教育实验对于教师的"信心、信念、信仰"的要求如出一辙。相信种子，相信岁月；相信孩子，相信教育，这是教育的根本出发点。

亲爱的父母，请把"相信"两个字铭刻在你的心中吧！

让儿童自我纠正训练

>> 儿童的用具、他们的桌子和椅子应当是轻便的，不仅使它易于搬动，同时更具教育性。出于同样的考虑，我们给儿童使用瓷碗、瓷板和玻璃杯、玻璃吸管，因为这些物体最易打破，它们本身就意味着对粗鲁和漫不经心行为的警告。这样，儿童被引导纠正自己，训练自己行动细心、准确，不碰撞、打翻、摔坏东西；使自己的行动变得越来越文明和有节奏，并逐渐地成为各种器皿、用具的完全自由和沉着的管理者和爱护者。

——《蒙台梭利幼儿教育科学方法》，第703页

朱永新解读：

新教育实验提出，学校应该成为汇聚伟大事物的中心。蒙台梭利同样指出，"最适合生活的地方应是一个美丽的环境。"但是，我们为孩子创造的环境却是经常缺少美的思考，也不具有教育意义，不利于孩子的成长。蒙台梭利列举了孩子们使用的桌子、椅子、饭碗等，说明学校和家庭往往用各种手段防止孩子弄坏家具打破饭碗，其实这是一种不利于孩子的自我完善、不利于培养孩子动作的协调性灵活性的做法。

亲爱的父母，蒙台梭利的劝告是值得重视的。当然，我们不能片面地理解这个问题。在孩子的自我控制能力还非常差，行动还非常不灵活的情况下，贵重的物品还是尽可能不要随意交给他们为宜。一旦把易碎物品交给孩子，就要耐心地指导如何使用，并且冷静地面对可能的破坏，这样才能取得最好的教育效果。

跟孩子保持一定的距离

>> 当为孩子提供了他们所需要的一切条件后,我们必须做的就是控制自己盲目帮助孩子的冲动,跟孩子保持一定的距离,不要总是去干涉他们,当然也不能漠不关心。当孩子专心地去做他们眼中非常重要的事情时,他们会非常安静,乐在其中地享受属于自己的快乐。这时,我们什么也不需要去做,只需要站在孩子的旁边默默观察他们。

——《发现孩子》,第178—179页

朱永新解读:

距离产生美。与孩子们保持适度的距离,是教育孩子最重要的艺术之一。如果靠得太近,孩子们会很不自在,因为你"侵犯"了他们的生活空间;如果距离太远,孩子们也会很不自在,因为他们觉得缺乏了"保护",没有安全感。

蒙台梭利非常重视这个距离。她认为,父母总有帮助孩子的冲动,这也看不惯,那也很担心,往往喜欢越俎代庖,为孩子包办一切。因为自己做比孩子做更爽气更干脆,效率更高。

亲爱的父母,我们要记住,孩子总要独立地面对这个世界。孩子自己做他们想做的事情,不仅培养了他们做事情的能力,更重要的是让他们学会了享受做事情的过程,以及专心致志等重要的品质。父母们应该做陪伴者,而不是包办者。

怎样才算对孩子好？

>> 对孩子好，就应该努力让孩子在自然的状态下生活和成长；对孩子好，就应该尽全力为孩子提供他们成长所真正需要的东西。这才是真正的对孩子好，才是真正的爱孩子。

——《发现孩子》，第178页

朱永新解读：

蒙台梭利曾经仔细观察过那些"处在属于自己环境中的孩子"，发现他们都能够"自觉自动地工作"，把各种事情做得非常出色。所以，她的结论是"那我们成人要为孩子做些什么事情呢？——什么都不需要做"。当然，这里说的"什么都不需要做"，是指已经为孩子准备好了适应他们生活的环境之后。而蒙台梭利说的真正对孩子们好，就是指能够为他们的成长创造"自然的状态"，"提供他们成长所真正需要的东西"。

亲爱的父母，真正的爱，真正的对孩子好，当然不是给孩子吃香的喝辣的，满足他们的物质需求，而是为他们创造一个好的环境，这个环境既指物质更指精神，是父母用智慧给孩子创造的属于孩子自己的天空，从而让孩子们在这个环境中开心地成长。

尊重孩子正在进行的合理活动

>> 尊重孩子所有正在进行的合理活动，并努力了解他们的活动目的。

——《发现孩子》，第189页

朱永新解读：

蒙台梭利曾经讲述过家庭教育的三项基本原则。尊重孩子正在进行的合理活动，就是第一条原则。她认为"内在潜力是促使孩子在各方面进行努力的动力。但是，我们却常常漠视孩子在生活中表现出来的潜能"。所以，父母应该充分尊重孩子正在进行的各种合理的活动，要用"充满爱心的关怀，来发现孩子善良的本性"。

亲爱的父母，请记住，在任何情况下，相信孩子，尊重孩子，是教育的起点。而这一切，是建立在理解孩子的基础之上的，否则，相信就可能变成盲目信任，尊重就可能成为纵容。因此，孩子的活动是否合理，是需要父母了解一定的儿童心理学来进行分析判断的。

第六章

生命只有通过活动才能趋于完美

导语

生命在于运动。生命的意义通过活动彰显，生命的能力通过活动增强。儿童从出生开始就一刻不停地活动着，即便是翻身、坐爬、咿咿呀呀，也都应该被看作是儿童的创举。儿童正是通过这些活动来发展自己、挑战自己、探索未知，从而维持生命、感知自己、感知环境、感知世界。那就让我们一起成为儿童活动的欣赏者、保护者和引导者，见证他们在活动中趋于完美的神奇过程吧！

生命只有通过活动才能趋于完美

>> 生物界的所有生物都是具有活力的，生命就是活力的最高表现形式。生命只有通过活动才能趋于完美。社会活力是一代代人传承下来的。人们想少工作，想让别人代替自己工作，这些违反自然规律的行为和想法是在儿童时期形成的，是一种退化现象。这些退化现象的出现是由于没有人在婴儿刚出生的几天，为他们适应环境提供帮助，使儿童对外界失去了兴趣。

——《有吸收力的心灵》，第 69 页

朱永新解读：

生命在于运动。生命的意义通过活动彰显，生命的能力也在通过活动增强。

蒙台梭利认为，只要是正常出生和成长的儿童，都会有独立的倾向和要求，都会主动地学习与探索。喜欢依靠别人，不喜欢交朋友，想少工作，让别人替代自己工作，喜欢睡大觉，是违反自然规律的"退化"的表现。其原因之一，就是在出生之初没有得到及时的帮助，使他们失去了对外界的信心与兴趣。

亲爱的父母，尤其是母亲，在孩子刚刚来到这个世界的时候，你们一定要细心地呵护关心孩子，帮助他们及时适应完全不同于子宫的环境。通过你们的温柔呵护，孩子会对世界充满好奇与热爱。

儿童发展中的里程碑

>> 孩子开口说的第一个字和孩子抬脚迈的第一步,几乎是儿童发展中的极具象征意义的里程碑,也是我们所能看到的孩子进步的最初证据。开口说第一个字开启了孩子语言发展之旅,迈出第一步则象征着孩子直立行走的能力。因此,这两个方面对每一个家庭来说都是具有非凡意义的大事件。

——《发现孩子》,第 193 页

朱永新解读:

如果说,孩子的第一声啼哭是他的第一篇庄严的《独立宣言》的话,那么,他开口说的第一个字,就是他第一行美丽的诗篇;他抬脚迈开的第一步,就是他对这个世界的第一次神圣的探索。蒙台梭利认为,虽然说话、走路并不是儿童最先学会的两个本领,但却是他们身心发展的两个重要标志。不管怎样,说话、走路不是一件容易的事情,是孩子们经过许多努力才学会的,如果孩子的智能与平衡能力达不到一定的境界,这是无法实现的。

亲爱的父母,如果你是一个教育的有心人,不妨把这个特别的日子记录下来,无论是录下孩子们发出的第一个字的声音,还是拍下孩子们迈出的第一步的照片,都是最珍贵的资料,是给孩子最珍贵的生命厚礼。

给儿童提供一个适当的环境

>> 对儿童来说,想要活动的意愿远比想要吃东西的意愿强烈得多,我们之所以很少看到这样的情况,是因为在目前这种强制型的环境中,儿童缺乏活动的动力。如果我们能给儿童提供一个适当的环境,我们会发现原本一个个嘟着嘴的小麻烦,一下子都变成了活泼快乐的精灵。

——《家庭中的儿童》,第59页

朱永新解读:

儿童活动的愿望、活动的能力、活动的精力远远超出我们的想象,更远远超出他们对于美食的渴望。所以,只要给他们一个适合的环境,他们经常会判若两人,疯狂地活动,变化之大令我们无法想象。蒙台梭利说,那些"房子破坏狂"会成为小心爱护身边物品的守护者,那些吵闹乱跑的小家伙,会变成安静而又遵守秩序的好孩子。

所以,亲爱的父母,我们与其责备孩子这做不对那做不好,不如尝试着了解孩子的需求,关注他们的需要,努力为孩子创造一个符合他们需要的、能够让他们放开手脚活动的空间。

独立是自由的前提

>> 没有人是自由的,除非他能够独立。因此,孩子们要想积极地显露个体自由,首先应该通过他积极的活动来使他获得独立。从他们断奶时起,孩子们已开始向独立之路前进。

——《蒙台梭利的儿童教育方法》,第 28 页

朱永新解读:

独立,是儿童发展的内在需要。独立,也是儿童发展的必由之路。正如蒙台梭利所说,"如果任何教育学行为对孩子们的训练都非常有效,它一定能让孩子们更独立。"所以,她要求父母和老师一定"帮助他们在没有任何帮助的情况下学会走,学会跑,学会上下楼梯,学会如何提起和放倒东西,学会穿衣和脱衣,学会自己洗澡,学会清楚地说话,学会表达他们自己的需要"。

这里说的"帮助他们在没有任何帮助的情况下",我想其实是一种在尊重孩子自主性的基础上,自然而然、不留痕迹的帮助。这里有两种方法,一是具体的示范,如妈妈自己拿着一把小勺吃饭,让孩子看清楚并且明白她是如何做的。二是引导孩子完善自己的行为,让他们尽可能多动脑筋,少走弯路。

让儿童在活动中认识不足

>> 让儿童自由地活动,并不是要让他们觉得自己已经是完美的了,而是要让他们在自由的活动中认识自己能力的不足,这样才能激励儿童拥有一种努力工作的愿望。

——《有吸收力的心灵》,第 193 页

朱永新解读:

蒙台梭利认为,人的自我纠错能力是非常重要的一种能力,也是对人的性格形成产生决定作用的关键所在。不具备自我纠错能力的人,往往容易"变得自卑、缺乏自信"。

亲爱的父母,面对犯错误的孩子,不能简单粗暴地对孩子的行为和活动进行评价,给他们贴上懒惰或是愚蠢的标签,而是要在和他们探讨的过程中,教孩子学会自我反省与检查,及时了解和改正自己的错误。

让孩子有更大的活动空间

>> "儿童爱哭、脾气暴躁、易怒,是由于他们正处于精神饥饿状态。"如果把婴儿限制在一个很小的范围里,这种像监狱似的生活会限制他们发挥自己的潜能。许多国家已经在无意识中开始采用有关应对方法了。对于我们来说,我们必须要理解这一点,并有意识地调整这种状况。

——《有吸收力的心灵》,第 81 页

朱永新解读:

儿童生活的空间会影响他们的视野与个性。如果把婴幼儿限制在一个很小的范围里,如果他听到的仅仅是母亲的话语,儿童就会处于"精神饥饿"的状态,就会产生爱哭、易怒、脾气暴躁等心理问题,从而影响个性的发展。所以,蒙台梭利主张,儿童"听到的应该是成人的全部对话内容,看到的应该是成人所有与谈话相关的行为"。在这个过程中,儿童会逐渐理解这些对话和行为。

亲爱的父母,一定要让孩子到大自然中去,到社会中去,与身边的世界对话。儿童的活动空间越大,他们的心灵世界就越大,他们创造的可能就越大。

孩子们积极塑造自己的个性

>> 我们发现,孩子们积极塑造自己个性的历程跟我们熟悉的天才们所经过的历程是相同的。他们全心投入、全神贯注,不受外界环境的干扰,而且他们努力的程度和坚持的时间跟精神活动的发展是一致的。

——《发现孩子》,第 147 页

朱永新解读:

在蒙台梭利看来,所谓天才,就是那些"挣脱了自身发展的锁链的人,是使自己获得自由的人",是在众人面前仍然坚持认定的"人性标准"的人。这种人往往专心致志,心无旁骛,我行我素,不受外界事物的干扰。这种专心致志的品质,恰恰是人的智力发展的源泉,是人的思维能力快速提高的源泉。

所以,亲爱的父母,孩子专心致志、心无旁骛时,正是在建构自己的精神世界呢,小心翼翼地呵护他们吧,也许一个未来的天才正在诞生之中。

学会观察与等待

> 在培养儿童想象力的时候，我们一定不要阻止他们自发进行的那些活动。虽然这类活动有时候会显得微不足道，但我们要做的就是"等待"。我们不要自欺欺人，以为自己可以"创造智能"。这就像我们只能观察和等待小草萌芽和微生物自然裂变一样。除了观察和等待，我们最好什么也不要去做。
>
> ——《发现孩子》，第163页

朱永新解读：

尊重儿童"自发"的活动，具有重要的意义。虽然我们还无法了解儿童许多行为背后的价值，但是，儿童有自己成长的逻辑和规律，这是不言而喻的。所以，蒙台梭利主张，我们应该耐心地等待儿童，充分地尊重儿童。"我们只有做好充分的准备，才能开掘出一条壮阔澎湃的江河，让智慧的泉水在其中激荡。只有这样，它所涌出的泉水才不会泛滥，才不会损害它内在的美好秩序。"

亲爱的父母，按照蒙台梭利的教导，耐心地"观察与等待"吧，当然不是"什么也不要去做"，而是在孩子需要的时候，伸出我们的手。

让孩子按照他们的喜好和方式活动

>> 我想给妈妈们一条小建议:让你三四岁的孩子按照他们的喜好、他们的方式,自己梳洗,自己脱衣服,自己吃东西。

——《家庭中的儿童》,第 88 页

朱永新解读:

蒙台梭利发现,在我们的生活中,儿童其实找不到一个可以自如生活、无须适应的环境,因为他们"生活在成人的世界里"。儿童周围事物的尺寸与他们的身材比例完全不一致,他们看不见自己与这些事物之间的联系,无法产生认同感,无法灵活自如地活动。

亲爱的父母,因为这个世界是我们的,不属于儿童,所以,我们不能够按照我们的行动方式要求儿童,应该允许儿童用他们自己的方式来适应我们的世界,让儿童按照自己的喜好、自己的方式,"自己梳洗,自己脱衣服,自己吃东西"。

帮助儿童自己行动

>> 儿童的确是经由活动而得以在环境中发展的，但是除了活动之外，儿童还需要材料的操作、学习上的指引和不可或缺的理解。这些对儿童发展至关重要的必需，都有赖于成人的提供。成人必须给儿童必要的、做儿童需要的，去帮助儿童自己行动。

——《家庭中的儿童》，第 147 页

朱永新解读：

教育的效果如何，直接取决于我们用怎样的方式教育儿童。对儿童来说，最好的方式就是"帮助我自己行动"。儿童的发展有其内在的生命节奏和规律，但如果没有成人的帮助，儿童的发展就会受到限制。因为儿童的身心发展不是自发的、自然的，而是需要许多外部的刺激，需要成人的帮助。例如语言能力的发展，儿童虽然具有天然的学习语言的才能，但如果没有丰富的语言环境刺激，仍然无法真正地获得语言能力。

所以，亲爱的父母，不干预儿童不是不管儿童，而是尽可能懂得儿童真正的需要，在最关键的时候，给予最及时的帮助。

孩子吸收文化 应把握时机让

>> 如果3—6岁的孩子确实有一种自然倾向可以吸收文化、可以学习，我们就应把握时机，在环境中配备合适的设施与活动来让孩子探索，让他一步一步地吸收文化。

——《蒙台梭利儿童教育手册》，第17页

朱永新解读：

蒙台梭利主张，在家庭和学校生活中，要利用各种机会让孩子主动地吸收文化。因此，不应该只是给孩子简单的玩具，如洋娃娃、小汽车等，而可以选择一些智力型教具。她曾经发现，当把蒙台梭利教具给孩子们的时候，"孩子们便争先取用，其热切程度至今仍令人难以置信"，孩子们一旦发现有可以帮助他们发展的器具时，他们便"简直像饥饿的狮子一样扑上去，吞食一切能让他们成长的东西。就这样，孩子融入了这个时代的文明，并承接人类的文化"。

亲爱的父母，选择怎样的玩具、学具，是一门学问，需要我们用心思考，根据孩子们的特点、兴趣因势利导。

首先要了解生命发展的规律

>> 假如我们要为生命的发展提供帮助,首先就应该了解生命发展的规律。可是,仅仅了解生命的规律还不够,这说明我们还没有真正进入心理学的领域。
> 我们应该对儿童心理发展的知识进行广泛宣传。这样,教育才能呈现出崭新的姿态,才能充满权威地向全世界宣告:"这就是生命的规律,它们是人类生命的'人权宣言',是广泛适用的普遍真理,我们不能忽视它们,我们必须按照这个规律行事!"
>
> ——《有吸收力的心灵》,第10页

朱永新解读:

我们不可能要求所有的父母都成为心理学家、教育学家,但是,我们希望每位父母都能够懂得一些心理学、教育学。因为心理学、教育学的基本知识,是我们了解生命发展规律的基本路径,更是我们为孩子的生命成长提供具体有效的帮助的基本前提。也只有这样,我们的教育才能够呈现出崭新的姿态和风采,才真正切合每一个人的生命所需。

亲爱的父母,我们就是教育的主人,我们不能把教育的权利完全拱手出让给学校,我们不能满足于在衣食住行的基本日常生活上满足孩子的需要,而要尽可能用心理学、教育学的知识充实自己。只有这样,我们才能把握生命发展的规律,才能真正走进儿童的世界,才能事半功倍地开展家庭教育,并由此拥有一个幸福完整的孩子和真正幸福的家庭。

小孩子的特征是运动没有章法

>> 运动神经的培养非常复杂,因为它必须与孩子的生理机体所必须要建立的所有协调运动相符合。如果没有指导,孩子的运动就显得混乱不堪,而运动没有章法是小孩子的特征。

——《蒙台梭利儿童教育手册》,第 50 页

朱永新解读:

蒙台梭利认为,运动没有章法是孩子们的基本特征。因此大人们总是限制孩子们的活动,一成不变地重复着的那句"老实待会儿",是一句不起任何作用的话。批评孩子动这动那,甚至怀疑孩子得了多动症,这也算现代许多父母经常容易产生的问题。其实,"孩子是在这种运动中探索那种真正能够将运动组织和协调为对人类有用的有益运动"。

所以,这个时候,不是去限制孩子们的运动,而是应该指导孩子们运动,引导和帮助他们的行为更加"接近他们所要做的运动"。如孩子在学走路、站立、坐、操纵小物件时,协助他做得更稳,不要受伤等。

唤醒孩子的精神活动

>> 让孩子感觉到外部世界仿佛在敲打他们的心门,唤醒他的精神活动。根据我们的经验,当各种感觉跟环境融合在一起时,它们就能产生协调的相互作用,同时加强已经被唤醒的活动。

——《发现孩子》,第131页

朱永新解读:

蒙台梭利认为,对于儿童的智力发展,可以用类似于"感觉体操"的方法进行训练,即给孩子提供丰富的感觉刺激,让他们形成这些不同感觉之间的内在联系。比如,让孩子们"敏锐地感觉到冷与热、粗糙与光滑、重与轻、声音与噪声的差异等"。

亲爱的父母,训练孩子感觉的灵敏性,包括听觉(对声音、音乐的敏感)、视觉(对色彩、图形的敏感)、嗅觉与味觉(对味道的敏感)等,并且建立其间的因果关系,让孩子发现自己的喜爱,唤醒他们内心的精神世界,是一件特别有意义的事情。

儿童希望成人陪伴在旁

>> 儿童希望成人陪伴在旁,而且千方百计地想融入成人的生活,成为成人生活中的一部分。

——《家庭中的儿童》,第 116 页

朱永新解读:

儿童有儿童的世界,但是儿童终究是要进入成人的世界的。其实,从儿童来到这个世界的第一天开始,"他们就自然地亲近任何能够帮助他们精神发展的人"。

蒙台梭利告诉我们,从儿童明亮、聪慧的眼神中,我们就可以看到他们想与人交往的欲望,他们会千方百计地融入成人的生活,成为成人生活的一部分。无论是和家里的人坐在一起吃饭,还是围在火炉旁取暖,儿童都会心满意足。人们谈话时的轻言细语,对儿童来说就是"最悦耳的天籁"。因为,儿童就是在这样的过程中学习语言,学习交往,学习成为一个成人的。

亲爱的父母,不要以为孩子小,就不让他们参与成人世界的生活。请记住:儿童是最伟大的观察者!

如何成为一名真正的"教师"

>> 科学实验室（教师被引入"观察内在生活现象"的自然领域）应该是学校。在那里自由的儿童在精心设计的促进其发展的教材的帮助下获得发展。当教师感到自己是受兴趣的强烈驱使而"看到"儿童的精神现象，并体验到一种宁静的快乐和不可遏止的观察欲望时，那么，她就会明白她正"步入正堂"。由此，她将开始成为一名"教师"。

——《蒙台梭利儿童教育手册》，第188页

朱永新解读：

蒙台梭利认为，真正的教师是一名伟大的科学家，甚至胜过所有的科学家。因为，"科学家永远只能停留在他们所研究的物体的外部：电能、化学能、微生物的生命、星球等所有的东西都与科学家本身相距很远。但学校教师的研究对象是人自身；儿童的心理表现形式比起现象方面的兴趣在他身上能唤起更多的东西；他从儿童的心理表现中获得自身内心的揭示，他的情感在与他一样的其他人接触时易于波动。他所研究的是整个人生，而不是部分人生"。也正是因为如此，教师需要科学家所具备的所有优秀品质的同时，还需要一些特别的素质与情怀，需要对儿童有着无限的热爱，需要更为宁静的心灵和更为敏锐的观察能力。只有这样，才能成为一个真正的教师。

亲爱的父母，作为人生的第一任老师，我们是否应该具有这样的品质呢？

手是大脑的朋友

>> 人类是用自己的双手去改变生存环境的。看起来,人类的作品受到了智力的引导。因为如果人只是用语言来进行思想的交流,如果人的智慧只是通过语言来进行表述,我们的先辈就无法给我们留下丝毫的遗迹。我们要感谢手,它就是大脑的朋友,人类文明的标志通过它才得以保留下来。

——《有吸收力的心灵》,第 115 页

朱永新解读:

人的运动、劳作与手有着特别的关系。从人类的历程来看,文明的发展与手的解放有着非常密切的关系。正是手的解放,让人类能够制造工具,能够制作手工艺术品。

蒙台梭利说:只要人的心里存在着某种自由的精神,他就能够通过自己的作品将其表现出来,"这就需要依靠手的力量"。所以,通过那些伟大的手工作品,我们能够感觉到它们的建造者内心的精神以及他们所处时代的思想。

正因为如此,许多教育家都非常重视手的作用。如苏霍姆林斯基就提出,儿童的智慧在手指尖上。陶行知也提出要解放儿童的双手。亲爱的父母,手不仅是大脑的朋友,更是人的发展的朋友。让孩子多动手,让手和大脑完美地结合吧!

让儿童进行有趣味的活动

>> 应该让儿童进行有趣味的活动,因为这样的活动可以帮助儿童发展。环境中应该有很多能够引起儿童兴趣的事物,让他们从环境中获得经验。我们应该遵循生命和自然的一些基本原则,这些原则可以把有退化现象的儿童由懒惰变得工作积极,由倦怠变得充满活力,由恐惧(这种恐惧会使儿童拒绝与身边的人进行必要的交流)变得乐观,让他们享受到生命的乐趣。

——《有吸收力的心灵》,第70页

朱永新解读:

趣味是儿童学习的动力源泉。在母亲体内时,儿童还是一个相对被动的接受者,各种刺激被母亲的身体屏障隔离或者过滤了,处在一个相对封闭的小环境中。来到了现实的世界,环境刺激更加丰富多彩,如何为他们提供引人入胜的环境与资源,激发他们的兴趣,是值得关注的问题。如果孩子觉得趣味无限,就会变得积极、乐观,充满活力,真正的学习就开始了,真正的探究就开始了。

亲爱的父母,兴趣是最好的老师。应该注意观察孩子的敏感性、兴趣点,为他们提供尽可能丰富的环境资源,让他们形成自己的兴趣爱好。这,就是在帮助孩子实现良好的发展。

让孩子们缓慢而坚定地完成

>> 孩子们第一次做某件事的时候会极其缓慢。他们的生活被我们的不同法则支配着。他们缓慢而坚定地完成自己喜欢的各种复杂活动,比如穿衣服、脱衣服、打扫房间、洗澡、摆餐桌、吃饭等等。……当我们看到他们"精疲力竭"或"浪费时间"在做一件我们不费吹灰之力就能完成的事情时,我们就会帮他们完成。

——《蒙台梭利的儿童教育方法》,第184页

朱永新解读:

蒙台梭利明确指出,孩子们希望通过自己的能力得到他想要的东西,不希望大人们越俎代庖。"事实上,孩子们潜意识里希望的是自我发展。他轻视一切既得的事物,渴望得到正在寻求的东西。"例如,孩子们喜欢自己穿衣服打扮,却不愿意别人帮助他们穿,喜欢自己造一个小房子,而不仅仅是拥有它。孩子们自己行动的过程本身才是最重要的,这也算他们"唯一的快乐"。

所以,亲爱的父母,我们千万不能因为孩子们经常出错,动作缓慢,就想帮助他们,其实你们正是这样轻易剥夺了他们"唯一的快乐"。

让孩子走进大自然

> 与当代文明的人为特征形成强烈对照的是,我们可以回忆起原始人简朴和平静的生活,在那里儿童可以找到一个自然的庇护所。在这个社会里,儿童跟以平静安宁的方式从事简单工作的成人相接触。儿童的周围就是家畜和他可以随意触摸的其他东西。他可以做自己的工作,而不必害怕遭到反对。当他感到疲倦时,他就躺在树荫下睡着了。
>
> ——《童年的秘密》,第187页

朱永新解读:

我们当然不可能回到茹毛饮血的时代。但正如蒙台梭利所说,现代文明正在慢慢地把自然环境从儿童那里"收了回去"。无论是城市,还是乡村,与儿童的生命节奏相适应的东西正在迅速消失。儿童再也没有机会在田野里采摘,在河流里游泳,在瓜田里尝鲜;没有机会手牵牛羊,耳听鸡鸣狗叫。"儿童就像一个流放在世的人,孤立无助并受到奴役"。

自然是儿童之父。所以,我们应该尽可能创造适应儿童生命节奏的生活环境,不应该把成年人的生活方式强加给孩子。应该尽可能让孩子走进大自然,倾听大地的呼吸。

尊重孩子的『工作本能』

>> 儿童工作的愿望代表了一种生气勃勃的本能,因为没有工作他就不可能形成他的人格,人是通过工作构造自己的,不存在工作的替代物,不管是慈爱还是身体健康都不能代替它。另一方面,如果这种工作的本能走了歧途,也没有治疗的办法,不管用他人的榜样还是用惩罚。一个人是通过手的劳动构造自身的,在手的劳动中,他把手作为他人格的工具,用来表达他的智慧和意志,这一切有助于他去支配他的环境。儿童的工作本能证实了,对人来说工作是本能性的,是这一物种的特征。

......

人的工作的完美性不能用人的个体需要来衡量,而应该由他的工作本能的神秘设计来衡量。由于一种致命的歧变,人跟他的人生目的相分离了。如果儿童要变成他应属的那种人,他的发展必须跟他自己的主导本能紧密相连。因而,正常的儿童教育会造就出类拔萃的人。

——《童年的秘密》,第 183、186 页

朱永新解读:

劳动创造了人,工作者才是美丽的。

蒙台梭利认为,工作是人得到充分满足的源泉。"人有一种天赋的工作本能。自然敦促他依靠自己建造某种东西来表现自己的存在并进而表现创造这种东西的目的。"对于儿童来说,工作是健康和新生的前提。

他说，在发明家的辛勤工作、探险家的发现和美术家的绘画中，我们都可以感觉到工作的迷人和不可抗拒。"当一个人在进行这种战斗时，他变得拥有非凡的力量"，这种力量像从地球中喷射出来的强有力的激流，使人类更新，文明进步。

所以，好的教育是顺应人性的教育，是鼓励儿童表现和创造的教育，是让儿童拥有自己的天地、自主地探索和劳作的教育。应该宽容和理解儿童沉迷于他们自己的世界，让我们在一旁为他们喝彩吧。

精力充沛是儿童的特征

>> 每个成人都是儿童创造性活动的产物，这个事实证明儿童有一个明确的、可见的和最终的目的。然而，尽管我们可以从每一个角度去研究儿童，了解有关他的从身体细胞到他无数工作的最细微细节的各个方面，我们仍然不能觉察他的最终目的，即他将变成的成人。
>
> ……对我们来说，了解儿童工作的性质是重要的。当儿童工作时，他并不是为了获得某些进一步的目的而如此做的。他工作的目的就是工作本身，当他重复一项练习，使自己的活动达到一个目的时，这个目的是不受外界因素支配的。就儿童个人的反应而言，他停止工作跟劳累没有联系，因为使他的工作完全更新，充满精力是儿童的特征。
>
> ——《童年的秘密》，第192—193页

朱永新解读：

在生活中，我们经常会为儿童不知疲倦的精力所震惊，他们疯狂奔跑，他们全力游戏，他们无所顾忌，他们挥汗如雨，却不会有半点疲惫。

儿童身上蕴藏有无穷的能力，好像燃烧不尽的野火。正如蒙台梭利所说，儿童身上具有旺盛的精力，他们会把大量的精力和时间消耗在游戏和他们感兴趣的工作中，"并在完成每个细节时运用了他所有的潜能"。

所以，如果任儿童把这种强大的能量随意挥霍，是非常可惜的。父母和教师应该有意识地引导、帮助、陪伴，鼓励孩子探索未知的世界，鼓励孩子自由地涂鸦，鼓励孩子尽早地阅读，鼓励孩子到自然中去，让能量燃烧在更有意义的地方。

第七章

把爱还给儿童

导语

　　蒙台梭利认为，儿童是爱的源泉。每个来到这个世界的孩子都拥有爱的天赋。"如果儿童发挥出爱的潜能，人类将会取得难以估量的成果。"如果我们把爱还给儿童，就能够建立起爱的关系。儿童潜能中的爱的天赋，就能够发扬光大。相反，如果我们没有给孩子爱，他们爱的能力就会逐渐丧失。一旦儿童失去了爱的能力，世界就会黯然失色。以爱还爱，用爱温暖儿童吧，他们将会还成人一个充满爱的世界！

最亲近的人最可能造成危害

>> 与儿童最亲近的成人——母亲或是老师，反而成了在儿童人格形成过程中最可能对他们造成伤害的人。强者和弱者之间的对立冲突，不仅与教育有关，也可能在成人日后的精神生活上反映出来，也是造成儿童成年的精神错乱、性情异常以及情绪紊乱的主要因素。问题从成人"传给"儿童，又从儿童"传给"成人，成了一种普遍的循环。

——《家庭中的儿童》，第 144—145 页

朱永新解读：

蒙台梭利认为，教育中的许多问题，特别是那些与儿童的个性、性格发展和智能发展相关的问题，往往都与成人和儿童的关系有关。而且，与儿童最亲近的人——母亲或是老师，往往对他们的伤害最大。她深有感触地写道："成人在儿童发展道路上所设下的难关，不但无以计数，而且极具伤害力。这些难关对儿童成长发展的危险程度，要看成人在设下这些难关时，如何挟着道德理义和科学理论之名，及其想要操纵儿童的意志来遂行其意。"也就是说，成人越是用高尚科学的名义，对儿童的伤害就越大。

这就是所谓的好心办坏事。我们许多父母和老师就是在爱的名义下伤害了孩子。这也是新教育实验提倡"智慧爱"的原因。

成为孩子世界的一部分

>> 在跟儿童打交道中，成人会变得不是自私自利就是以自我为中心。他们从自己的角度出发看待与儿童心灵有关的一切，结果误解日积月累。

——《童年的秘密》，第 31 页

朱永新解读：

成年人通常习惯从自己的世界出发，来处理和儿童的各种关系，他会用自己的价值标准去要求孩子，会"用"孩子去实现自己没有实现的梦想，这样就会遭到孩子的抵制、不满、愤慨，甚至仇恨。

所以我们经常讲要蹲下身子和孩子说话——其实不用蹲下身子，在本质上每个生命都是平等的，只需要站在孩子的立场去和孩子交往，学着以孩子的眼光打量这个世界。

只有成为孩子，成为孩子世界的一部分，语言才能真正彼此相通，心灵才能真正彼此沟通，生命才能真正彼此交融，才能成为真正意义上的朋友，他才会成为你的一部分。

孩子内心世界的钥匙

>> 骄傲是人类最蔑视的行为,而成人将自身神化之后出现的自我膨胀,使孩子承受了很多苦难。真正掌握着通往孩子内心世界钥匙的是他们自己。

——《发现孩子》,第 16 页

朱永新解读:

《圣经》里有一句话:上帝按照他的形象创造了人类。蒙台梭利批评说,我们成人也经常希望按照我们自己的形象创造儿童。其实,儿童不是一张白纸任我们涂画,不是一团黄泥任我们捏塑。"那些认为婴儿在行动上被动、在心智上空洞的假设,是非常错误的"。她认为,儿童在很小的时候就能够展现出自己的发展趋向和一定的心智天赋,如果我们成人进行"不适当的干预",就会消解掉他们的努力,阻碍他们的自我实现。

亲爱的父母,千万要避免蒙台梭利说的那种成年人极其容易犯的"自我膨胀"的毛病,千万要记住"通往孩子内心世界的钥匙"掌握在他们自己的手中。任何代替孩子成长的努力都是徒劳的,只有尊重孩子,才是找到了打开孩子内心世界的钥匙。

不要以盛气凌人的方式对待儿童

>> 成人以盛气凌人的态度对待儿童,这在家庭中十分普遍,即使是备受宠爱的儿童,也有可能被成人的权威压制住自己的个性。在学校的学习环境里,类似的强权教育更是有过之而无不及。

——《家庭中的儿童》,第 6 页

朱永新解读:

蒙台梭利认为,学校教育经常会过早地让儿童适应成人的生活,提前接触成人的世界,这对于儿童的成长是不利的。因为学校里"苛刻严格的课业标准和强制执行的校规校纪,都会将儿童原本烂漫美好的童年破坏殆尽"。所以,她主张创造一个公正、人道的环境,让儿童的心灵得到自由的成长。

亲爱的父母,记住蒙台梭利的劝告吧,不要盛气凌人地对待你的孩子,而应该细心、温柔地发现并满足他的需要,让儿童面对外部的规训时,逐渐学会用自律而不是他律来接受。

强权取得的胜利不能让孩子信服

>> 在父母和孩子之间的冲突中,虽然得胜的通常是强势的一方,但是父母依靠强权取得的胜利,往往并不能让他们的小对手信服。因为成人不但做了错事,还采取高压手段让孩子臣服。

——《发现孩子》,第 185 页

朱永新解读:

父母与孩子的关系很少是平等的,正如教师与学生的关系、官员与群众的关系,虽然法理上具有平等的关系,但毕竟前者总是具有更多的权力,控制权、资源分配权、话语权等,所以,很难真正地有平等对话、平等交流的空间。这就是管理心理学里说的领导的法定性权力。

但是,真正的领导力是通过威望性权力来实现的。法定性权力产生服从、敬畏和敬重,但只有威望性权力才能够产生敬爱、敬佩、信赖和亲切。亲爱的父母们,虽然与孩子相比你们总是强者,甚至总是胜利者,但是这不值得你们骄傲。父母不能靠压服,而要靠孩子的心悦诚服,这样才是父母的权力所在,魅力所在。

"饥饿"的大脑是许多问题的根源

>> 儿童性格上的一些缺陷是由于成人在他们年幼时（婴儿期）的一些错误做法造成的。如果处于这个阶段的儿童被成人忽视了，那么他们的头脑就会一片空白，因为他们没有得到为自己的头脑填充内容的机会。这个"饥饿"的大脑是许多问题产生的根源。

——《有吸收力的心灵》，第 150 页

朱永新解读：

父母最容易走的两个极端是：不闻不问，完全忽视孩子；面面俱到，处处限制孩子。完全忽视孩子，有时是父母的确工作繁忙，有时则是觉得孩子什么也不懂，无须教任何东西。其实，孩子是最伟大的学习者，他们的大脑时刻处于"饥饿"的状态。如果他们的"饥饿感"得不到及时的满足，他们的"摄像机"就是一片空白，什么也没有记录和捕捉到。这也是儿童许多问题产生的原因。

所以，亲爱的父母，无论多忙，不要忽视了与孩子交流的机会；无论多累，不要忽视了孩子的存在。孩子不仅是一个嗷嗷待哺的生物的人，更是一个嗷嗷待哺的精神的人。

孩子其实不需要睡太长的时间

>> 所谓的健康科学往往蛮横残忍地认定孩子需要很多睡眠,像植物人似的。为什么要强迫孩子睡呢?如果我们让孩子在我们身边,一直到孩子想睡了才去睡,我们将发现孩子其实不需要睡那么长的时间。

——《蒙台梭利儿童教育手册》,第 32—33 页

朱永新解读:

在蒙台梭利的时代,北欧地区有让孩子早早上床的习惯。大家也觉得这是几千年来的传统,习以为常。以至于有一天,一个孩子对蒙台梭利说:他很想看一样经常听人谈起的非常漂亮的东西——星星。因为这个孩子很早就被父母赶到床上睡觉,从来没有看过天上的星星。

所以,亲爱的父母,请你记住,对于孩子而言,充足的睡眠是必需的,但过多的睡眠是有害的。孩子的心灵成长在清醒的状态下才能得到发展。

好儿童的配角 心甘情愿地当

>> 承认儿童具有不同寻常的能力并不会降低父母的权威。当父母可以说服自己把孩子成长过程的主角位置还给儿童、心甘情愿地当好配角时，才能更好地履行自己的职责。

——《有吸收力的心灵》，第12页

朱永新解读：

蒙台梭利认为，父母的权威和尊严不是靠严肃的面孔和啰唆的说教确立的，而是来自对孩子耐心的帮助和悉心的关怀。当父母不是以权威者而是帮助者的身份出现时，真正的教育才开始产生，这样的帮助也才有意义和价值。她指出，这样的教育其实是一场"和平的革命"，儿童依靠自己神秘的心理力量进行着这场革命。

亲爱的父母，尊重儿童独立的人格，敬畏儿童强大的学习能力，心甘情愿地为他们的成长提供协助和支持吧，这样，我们才能够"挖掘出上天赐予儿童——我们的子孙后代的巨大潜能"。

孩子的问题都是成人造成的

>> 正是成人，让孩子变得疑惑、叛逆，什么都不会做；是成人剥夺了孩子旺盛的精力，压抑了孩子独特的个性。成人急切地纠正孩子的错误、弥补孩子的心理缺失、完善孩子的性格缺陷，却不知道孩子的这一切问题都是由成人造成的。

——《发现孩子》，第 89 页

朱永新解读：

　　孩子身上蕴藏的秘密远远超出我们的预料，孩子身上蕴藏的能量也远远超出我们的预料。正如蒙台梭利说的那样，孩子们的精神远远比一般人认为的更为高尚。孩子们经常感到痛苦的，不是要他们去做许多事情，而是让他们不得不做一些对他来说没有意义的事情。她告诉我们，在许多学校，她看到过孩子们做出了许多成人认为他们不可能做到的事情。

　　在正常的情况下，孩子们会表现出健康、安静、天真、感情细腻、充满爱和欢乐，并且乐于助人。只有不合适的教育，才能让孩子变得疑惑、叛逆、无能，这些问题的产生是与父母、成人教育的失误分不开的。

　　亲爱的父母，请记住：孩子身上一定有你的影子。他们的问题往往都是我们造成的，需要反思和改进的，首先是我们而不是孩子。

儿童问题上的偏见

>> 长久以来人们在儿童问题上所累积的偏见更多,实际问题也更棘手。其中尤其突出的是,人们认为要保护儿童,儿童不必"用脑",不必承受"过早的脑力劳动"的心态。对所有那些人来说,儿童是空白、空洞的存在,他们能做的就只是游戏、睡觉,或者听听童话故事打发时间。

——《人的成长》,第 35 页

朱永新解读:

关于儿童的偏见、成见非常多。其中之一就是认为儿童需要很长时间的睡眠,儿童不必也不能够从事脑力劳动。于是,许多父母尽可能让孩子长时间地睡觉,尽可能不让孩子开动大脑这部机器。

其实,儿童绝对不是一个"空白、空洞的存在",尽管儿童需要的睡眠时间的确比成人更长,但儿童具有超强大的学习能力,具有自我成长的无限可能性,同样比成人要强大得多。

作为父母,应该尽可能为孩子的成长提供机会,提供相对丰富的环境刺激,让他们学会主动用脑,主动思考。

困难在于偏见

>> 我深信,要捕捉儿童的行为表现并不难,真正的困难在于成人对儿童根深蒂固的偏见。这种深植于心的偏见,主要是由于理解的缺失,而转为一种专制的、自以为是的推理,不自觉的自我中心意识,以及作为征服者的傲慢。以此为基础织成的教育模式,如同重重帷幔,遮蔽了儿童智慧天性的价值。

——《人的成长》,第 25 页

朱永新解读:

理解儿童是教育儿童、帮助儿童的前提。如果我们真正抛弃了成人的成见,那么,想了解儿童也不是一件十分困难的事情。

问题在于,作为成人,我们经常会自以为是、以自我为中心,以"征服者"的身份出现,以"洞察者"的角色自居,用"根深蒂固的偏见"去猜测儿童,为儿童贴上这样那样的标签。我们的结论不是根据我们的眼睛观察,不是根据我们的大脑思考所得到的,而是根据我们的思维定式,根据我们先入为主的成见而产生的。

亲爱的父母们,去除偏见与成见,真正走进儿童世界,是教育的第一步。

让孩子在学校里少一些痛苦

>> 儿童必须在学校里承受社会所强加给他们的痛苦。在学习读和写的时候,长时间曲俯在桌子上导致了脊椎的收缩和胸腔的变窄,使得这些儿童易患结核病。长时间努力阅读而没有足够的光线导致了近视,由于长时间被限制在狭窄的拥挤的地方,他们的身体普遍变得衰弱。

> 但是,儿童的痛苦并不仅仅是肉体上的,而且还是精神上的。强制的学习导致了恐惧、厌倦和精力的耗竭。他们变得毫无信心,忧郁代替了自然的快乐。

> 通常,家庭丝毫不考虑所有这一切。儿童的父母唯一感兴趣的是,看到儿童通过考试,尽可能学得快些,这样就不需要更多的教育花费。他们不大关心学习或文化的获得。他们仅注意于奢华的社会职责。他们感兴趣的只是儿童应该在尽可能短的时间里获得一张社会通行证。

——《童年的秘密》,第 205 页

朱永新解读:

蒙台梭利在近一个世纪前描述的教育问题,现在仍然存在。看来,家庭教育的观念近百年来并没有多大的提升。她看到,从古到今,"教育一直跟惩罚具有同一含义。教育的目的就是把儿童隶属于一个成人,成人使他自己代替了自然,把自己的意愿和意图替换了生命的规律"。而且,更为严重的是,"教师和家庭联合起来对儿童施加惩罚时相信,如果不联合,惩罚是无效的"。

　　学习本来应该是一件快乐的事情，学校本来是一个成长的乐园。如果学习成为一件痛苦的事情，学校成为一个恐惧的场所，那么，这样的教育对于孩子还有什么意义呢？教师和父母，学校与家庭，应该成为教育的合力，但是这种合力不应是负面的以加重孩子课业负担为目标的合力；而应该是以帮助孩子阳光地面对学习生活为目标的合力。新教育实验主张的"过一种幸福完整的教育生活"，就是希望教师、学生、父母都能够真正地享受教育的幸福。

不要任意地强迫孩子学习

>> 我们应该有节制地关注孩子,不要任意强迫他们去学习,应该让他们的心灵永远沐浴智慧之光。

——《发现孩子》,第154页

朱永新解读:

现在的父母,教育上总体呈现出"过度化"的倾向。父母们往往在"爱"的名义下,没有节制地把各种东西塞给孩子。其实,正如吃多了把胃塞满了,孩子就会消化不良一样,精神上的过分营养,也会导致消化不良。

所以,父母们应该有节制地关心孩子,尽可能让孩子自主学习,学习他们感兴趣的东西,如此,他们才能真正地沐浴在智慧的阳光之下。

成人要正视并改正错误

>> 如果成人不能勇敢地正视自己所犯的错误并及时改正，成人就会发现自己受困于问题遍布的丛林中，不知道如何是好；儿童长大后也会重蹈成人覆辙，成为同一个错误的受害者，错误若不改正，就会永远这样代代相传下去。

——《家庭中的儿童》，第152页

朱永新解读：

我们做父母往往是跟着我们自己的父母学习的。我们不仅跟着他们学习育儿的经验，也跟着他们重蹈育儿的错误，"成为同一个错误的受害者"。所以，要打破这个祖祖辈辈不断重复的怪圈，就必须变革育儿的方式，勇敢地承认自己的错误，及时地改正自己的错误。

我们改正了错误，不仅可以造福我们的子女，子女的子女也会受到恩惠。如果我们每一代父母都能够自觉地改正一些错误，我们人类就会有大的进步。亲爱的父母，在发现我们的错误时，不要遮遮掩掩，而要勇敢地正视并且及时改正自己所犯的错误。让我们人类也因此不断成长进步，让这个世界也因此日益美好。

父母的使命

>> 儿童的父母不是他的创造者,而只是他的监护人。他们必须像谨慎地承担某种职责的人一样地保护儿童,并深切地关心他。为了他们的崇高使命,儿童的父母应该净化自然已移植在他们心中的爱,他们应该努力去理解,爱是未被自私或懒散所污染的深沉情感的有意识的表达。父母应该关心这个当今重大的社会问题,关心世界上为承认儿童权利而进行的斗争。

——《童年的秘密》,第 209 页

朱永新解读:

既然成为父母,就应当承担责任。

蒙台梭利认为,父母既然赋予孩子以生命,就有责任帮助孩子更好地成长,这不仅是为人父母的义务,也是他们应该承担的社会责任,因为父母通过教育孩子而掌握着人类的未来。他甚至指出,如果父母不按照他们应该做的那样行动,他们将犯下与罗马帝国的总督彼拉多一样的错误,他本来可以拯救耶稣基督,但是没有做到。

蒙台梭利在《童年的秘密》一书的结尾写道:"正如爱默生已看到的,儿童就像弥赛亚,他降临到堕落的人间,是为了引导他们返回天国。"是啊,儿童就是天使。父母和全社会的使命,就是对他们慷慨地给予最大的呵护与关怀,这样,才能够"从儿童那里获得新的能量和潜力"。

母爱是种大自然的力量

>> 母亲必须要回归自然。母爱也是一种大自然的力量，应当为科学家所重视，致力于这种研究，并协助母亲重新恢复她们失去已久的本能。我们应该教育母亲学习这种知识，让她们能够从孩子一出生就给予他们心灵的保护，而不是把孩子交给受过训练的护士，尽管那种护理非常讲究卫生，但那只是在表面上满足孩子的生理需要。实际上，孩子在这种照顾下，很可能因为精神困顿或心灵匮乏而死去。

——《发现孩子》，第 26 页

朱永新解读：

母爱是一种伟大的力量，也是世界上最神奇的力量。再好的设备，再先进的管理方法，也无法替代母亲对孩子的爱。为什么要给母亲放产假？不仅仅是要给母亲休养生息的时间，不仅仅是要给母亲哺乳的时间，更重要的是给母亲与孩子亲密接触的时间。蒙台梭利介绍了一些设施先进、营养丰富的育儿机构中孩子们由于缺乏爱的滋润而引发疾病的故事，并提醒父母，尤其是母亲，一定要珍惜与孩子在一起的时光，一定要把爱给孩子。

没有什么能够替代母亲的爱，同样，也没有什么能够替代父亲的爱。亲爱的父母，把爱给我们的孩子吧！

儿童用他的方式爱着父母

>> 早晨，儿童进去唤醒他的父母，这是一件极讨厌的事情。但是，如果不是爱，还有什么东西会促使一个儿童一醒过来就去寻找他的父母呢？黎明，当儿童一早从床上起来，他就去找仍然在睡觉的父母，似乎要说："学会圣洁地生活吧！天已经亮了！是早晨了！"但是，儿童到他的父母眼前，不是去教导他们，而只是去看看他所爱的那些人。

——《童年的秘密》，第 112 页

朱永新解读：

这也许是我们每一位父母都曾经遇到过的情形。我们是否感觉过孩子的讨厌呢？我们是否意识到这其实是孩子的伟大的爱的体现呢？恐怕很少父母有这样的体验。

用蒙台梭利的话来说，我们对一切都已经麻木了。儿童对父母的爱，不亚于父母对儿童的爱，而且具有重要的价值。当你真的发现这种爱的时候，就能够真正理解儿童的许多荒诞行为，就能够感觉到儿童的伟大之处。如果说，父母给儿童一个躯体，在这个意义上我们也可以说，儿童是父母的精神之父。

儿童不信任成人

>> 如果儿童能够表达自己的观点,他肯定会告诉我们,他极不信任我们,正如我们不信任他一样,这是因为我们各自的思维方式彼此是如此的不相干。

——《童年的秘密》,第 80 页

朱永新解读:

对于成人来说,儿童的心灵是一个深奥难解的谜。儿童对外界充满好奇,对任何细节充满好奇,并尝试着用心灵去体验。而我们成人,对环境的新鲜感早已荡然无存,自然而然也就变得麻木和迟钝。虽然成人是由儿童发展而来,可是,成为成人的我们几乎都忘了儿童是什么样子的。

要注意观察儿童

>> 一个合格的母亲或保姆应该能够发现婴儿对什么事物特别关注,并且应该尽可能将他们抱到那些物体的附近,让他们能够认真观察。这时,他们的脸上会流露出好奇、高兴的表情。要想知道婴儿对什么感兴趣,我们就要时刻观察他们。

——《有吸收力的心灵》,第 79 页

朱永新解读:

当我们把一个婴儿带到户外的环境,他关心的是什么呢?可能很少有人能够说清楚。当年,蒙台梭利就已经敏锐地发现了这一问题。也就是说,大部分的父母其实根本不去仔细观察自己的孩子。而合格的父母应该及时地发现孩子对什么问题感兴趣,对哪些事物特别关注,然后及时满足孩子的好奇心,把他抱到那个事物的附近,让他仔细观察,看个清楚。

亲爱的父母,如果可能,你应该像一个科学家一样观察自己的孩子,了解他的喜怒哀乐,了解他的兴趣焦点,及时满足他对世界的好奇感,这样就能及时提供相应的资源,把握住促进孩子发展的最好时机。

我们的利己主义隐藏在对待孩子的错误里

>> 我们的利己主义隐藏在对待孩子的错误里：我们对孩子生气的真正原因是孩子给我们带来了麻烦；我们之所以同孩子争斗，是因为他们的举动违背了我们的意志，而要保全自己的安逸、威严和统治欲望；我们也常常在内心感到自己对孩子的不公正，却不愿在孩子面前表露出来。

——《蒙台梭利幼儿教育科学方法》，第811—812页

朱永新解读：

父母和儿童生活在不同的世界里，父母和儿童彼此都不理解对方。所以，父母与儿童的"战争"就不可避免地发生了。正如蒙台梭利分析的那样，孩子们要塑造自我，而父母已经定型；孩子们要东奔西跑，父母们却要他们循规蹈矩，并且对他们的行为严厉控制。父母是真正的自我中心主义者：一切从自己出发，用自己的标准评判孩子的行为，把自己的意志强加到孩子身上。其实这种自我中心，也是利己主义的表现——为了自己的面子、自己的尊严、自己的威信。

亲爱的父母，你能够听从蒙台梭利的劝告，不要把这场与孩子的战争看成你死我活的决斗吗？你能够用和平的方式解决与孩子的矛盾吗？如果能够做到，你的家庭会更加温馨，你的孩子会更有成长的空间。正如蒙台梭利说的那样："成人愿意接受孩子童年生活的自然需求与条件，竭力帮助他们，那么，儿童将向着大自然赐予的最高奖赏——遵循儿童的自然发展，朝着人类的进化——前进。"

对儿童的需要保持高度敏感

>> 成人一定要对儿童的需要保持高度的敏感,能够敏锐地观察到儿童的需要,只有这样,成人才能及时给予儿童需要的所有帮助。

——《家庭中的儿童》,第 49 页

朱永新解读:

不干涉儿童,不等于对儿童冷漠。相反,父母应该非常敏锐地发现并且满足孩子的需要。蒙台梭利讲述了一件她亲眼所见的事:她在米兰的街头曾经看到自己学校一位学生的母亲和孩子过马路。当时空中回荡着悦耳的钟声,孩子想停下来听完钟声再走,可母亲拒绝了,催着孩子快走。这样做其实就是完全漠视了孩子的需要。

我们的父母往往注意满足孩子的物质需要,而对孩子的上述精神需要却视而不见。这样做,用蒙台梭利的话来说,就是"亮丽的阳光洒满了儿童的全身",但是"他们的内心却连一丝光线也没有"。所以,亲爱的父母,记住蒙台梭利的忠告吧,敏锐地观察并及时地满足孩子的心灵渴求。

父母是孩子模仿学习的榜样

>> 对于父母而言,在没有任何准备的情况下突然要成为小孩子模仿学习的榜样,是一件很困难的事情。在一个纯真无邪的孩子降临到这个家庭之前,爸爸妈妈还在相互指责对方的缺点并且互不相让;但是,他们忽然要面对一个新任务——凡事完美无缺。

——《家庭中的儿童》,第 100 页

朱永新解读:

对大部分人来说,都是在没有充分的准备下成为父母的。年轻夫妇生活在两人世界中的日子相对自由、无拘无束,尽管明知不利于良好夫妻关系的形成,他们还是可以口无遮拦,可以争吵不休。

但是,当一个年幼的生命来到这个世界,年轻夫妇从两人世界进入三人甚至四人世界以后,应该有新的行为规范和新的生活方式。因为从这时开始,有一双眼睛时刻在盯着你们,在学习着你们。

亲爱的父母,请时刻记住这双眼睛吧,它会让你更用心地生活。尽可能为孩子做一个"完美无缺"的榜样——虽然不可能存在完美无缺的人,但一定要为孩子而尽力磨炼自己,这就是比言传更重要更有效的身教。

不容忍孩子犯的所有错误

>> 对孩子好并不意味着容忍孩子犯的所有错误,而是应该找出应对策略尽量避免孩子犯错;对孩子好就应尽可能让孩子自然地生活成长,同时尽量满足孩子生活成长所需——我们应该体会到孩子其实是一个弱小无助的小可怜,他一无所有,他需要别人为他提供生活所需。这样才是对孩子好和爱孩子的表现。

——《家庭中的儿童》,第94页

朱永新解读:

容忍孩子犯错误,不等于容忍孩子犯的所有错误,更不等于在孩子犯了错误以后不闻不问。作为父母,一方面要知道孩子犯错误的不可避免性,另一方面要能够帮助孩子尽可能少犯错误。一方面要尽可能创造让孩子自己成长的环境,另一方面要尽可能让孩子在自然中学习成长。

亲爱的父母,在教育孩子的时候,我们一定要防止走极端——要么包办代替,无微不至地帮助孩子;要么不闻不问,完全不管孩子的需要。帮忙而不添乱,支持而不包办,这才是对孩子真正的爱。

社会对于家庭教育的责任

>> 对于生命这个全新的概念,社会应该保护它的需求,所有人都要行动起来。如果说,教育就是对个体的保护,父母必须担负起重任。当家庭无法履行职责时,社会在意识到这样的状况之后就要进行一定的干预,伸出援助之手,承担起抚养儿童的责任。

——《有吸收力的心灵》,第 10 页

朱永新解读:

蒙台梭利认为,虽然父母在儿童的教育中起到最关键的作用,但由于家庭条件各不相同,父母素质各有差异,儿童受到的教育是完全不同的。因此,政府就不能够缺位,而应该发挥应有的作用。所以她明确提出"政府永远也不应对儿童放手不管。教育应该成为社会必须履行的职责"。对政府来说,关键是推进教育的公平正义,帮助弱势人群,尤其是对于那些由于各种原因无法正常履行教育责任的家庭,政府更应该及时干预,提供物质或精神方面的帮助。

从父母的角度而言,也就意味着,无法履行职责时,父母这一身份会被剥夺。我们应该珍惜与孩子相处的机会,履行对孩子的保护义务,同时自己也会在这个过程中得到成长。

儿童会反抗自以为是的帮助

>> 他们反抗那些不理解他们，自以为是在帮助他们，而实际上却让他们在生命的路途上后退的人们。即使是那些爱他们的大人们也会为孩子们这种调皮与任性的天性感到困惑。
——《蒙台梭利的儿童教育方法》，第184—185页

朱永新解读：

蒙台梭利指出，我们成年人总是犯同样的错误，总是喜欢为孩子们张罗好一切，总是没有足够的耐心让孩子们用与我们不同的时间做同样的事情，但孩子们并不领情，他们总是按照自己的节奏和逻辑成长。他们总是努力反抗那些试图替代他们劳作的人，"他们与每一个强大的生物一样，在争取生存的权利，与任何他们必须遵守但违反他们内在超自然的力量（他们的本性）的规则进行着反抗。他们用暴力行为、尖叫和哭泣进行抗议，表现得像个造反者，像个革命家，像个打破旧习的人"。

亲爱的父母，当你的好心好意遭到孩子们的反抗时，不要惊讶，不要伤心，因为你剥夺了他们的成长，你是在驱使他们在自己的生命路途上后退。懂得这些教育的规律，大人与孩子才可能更加愉悦地相处，孩子才可能更加幸福地学习与成长。

母亲和孩子之间存在着一条特殊的纽带

>> 在母亲和孩子之间存在一条特殊的纽带。母亲能够给孩子一种无形的力量,这种力量将帮助孩子适应外部的环境。

我们可以说,刚刚降生的婴儿只不过是改变了自己与母体之间的位置,来到了母亲的体外而已,在其他方面他们没有任何变化,之间仍然进行着交流。

——《有吸收力的心灵》,第 75 页

朱永新解读:

蒙台梭利对婴儿刚刚出生时的环境与教育提出了以下几个原则:母亲应该尽可能与婴儿多交流接触;让婴儿的环境与母亲体内的安静、黑暗、恒温尽可能相似,在温度、光线和声音等方面与出生前不要相差太大;抚摸与抱起婴儿要尽可能轻柔;等等。对婴儿来说,母亲的力量无法替代,母子心连心,母子之间的纽带并不会因为婴儿从体内来到了体外而改变。

所以,亲爱的父母,尤其是初为人母的母亲,在产后的疲惫辛劳中,千万不要忘记与孩子交流接触,不要忽视了孩子的情感需要。

父母之爱不需要任何理由

>> 自然赋予了父母爱儿女的心，这种爱是装不出来的，它也不需要任何理由。成人对婴儿的爱是非常伟大的，它代表着一种爱的能力，是一种本能，能够促使一个人为另一个人去牺牲，能够激发一个人为其他人服务。这是一种与生俱来的爱，所有的父母都将不惜牺牲自己的生命去保护儿童的生命。

——《有吸收力的心灵》，第 25 页

朱永新解读：

蒙台梭利说过，儿童因爱而生。爱孩子，是每个生物的本能，不仅是人类能够做到、应该做到的事情，也是其他动物中普遍存在的现象。即使那些最凶猛的动物，也会温和地对待自己的幼崽。而那些平常十分温顺的动物，在幼崽遇到危险的情况下，也会表现得非常凶猛。所以蒙台梭利又说，父母的爱是不需要任何理由的，也是装不出来的。

问题在于，作为人类的我们，究竟怎样爱自己的孩子才是正确的，理性的，有效的？智慧爱，这是人类特有的爱，也是我们应该大力提倡的爱。

儿童受成人的影响

>> 当一个儿童受到成人压抑时,他就不能发展和成长。但"成人"这个词本身是个抽象词。实际上,一个儿童是跟社会相脱离的;如果一个"成人"影响他,那就是一个具体的成人,跟他亲近的成人。通常这个人首先是他的母亲,然后是他的父亲,最后是他的老师。

——《童年的秘密》,第 28 页

朱永新解读:

我们虽然在照料和教育孩子上殚精竭虑,但还是发觉自己恍若置身困难重重的迷宫,无力自拔。

面对社会、他人对我们没有教育好孩子的指责,很多父母都会对此抗议,并进行自我辩护:"我已经尽了最大努力,我热爱我的孩子,我为了他们甚至牺牲了自己的幸福。"

这样的情况很令人担忧:无意识犯的错误,其实更可怕,以爱的名义压抑孩子的成长,是最残酷的事情。

所以,哪怕是为了让孩子健康成长,我们也要力争成为更好的自己。身教重于言传,我们的孩子将受到我们的影响,向着光明的那方前进。

人一出生就被捆绑起来沦为奴隶

>> 文明世界变成一个巨大的集中营，人一出生就立即被捆绑起来，沦为奴隶，人性价值被贬低，创造的冲动被消灭，甚至个人从被爱的人身上获得动力的权利也被剥夺。

——《人的成长》，第 104 页

朱永新解读：

蒙台梭利讲述了许多违背儿童本性的现象，如：把孩子隔离在育婴室，交给一个陌生妇女照料；母亲不再哺乳，早早脱离孩子；拉上窗帘，让孩子在暗房里入睡；把孩子裹得严严实实带到户外；等等。这样的儿童，的确宛如生活在现代文明的"集中营"，没有父母的怀抱，没有父母的抚爱，儿童生活在这样的"集中营"里，人性的价值自然会丧失，创造的冲动自然会被消灭。

亲爱的父母，和孩子在一起，你们彼此才真正拥有了新的生命。

不必在孩子面前扮演完美无缺的人

>> 我们不必在孩子面前扮演完美无缺的人,也不必要求自己每件事都做得十全十美。相反,我们需要的是审视自己的缺点,虚心接受孩子公正的观察和批评。有了这样的认识,当我们在孩子面前做了不正确、不适当的事时,也就能够原谅自己了。

——《发现孩子》,第198页

朱永新解读:

父母和老师不是"圣人",更不是不食人间烟火的"神人"。尽管年幼的孩童经常把我们视为无所不知无所不晓的"超人",但我们每个人其实都是普普通通的"凡人",我们会犯错,我们也会做许多荒唐可笑的事情。我们会错怪我们的孩子,我们也会做出让自己痛心疾首的事情。

但是,这一切其实都非常正常。父母与老师没必要在孩子面前扮演"完美无缺"的人,没必要强求自己把每件事都做得天衣无缝、十全十美。当我们出现错误的时候,坦然承认错误,是最好的办法。当然,我们虽然不可避免地犯错误,但我们不应该经常犯同样的错误。

亲爱的父母,在孩子面前承认错误不会丢脸,也不会失去信任,相反,会让孩子觉得老爸老妈也是普通人,也会犯错误,这样通过学习父母如何改正错误,从而把自己的事情做得更好。

第八章

小心翼翼地呵护儿童纯真敏感的心灵

导语

蒙台梭利说,"没有人可以光靠面包活下去,这句话用在童年生活上是再正确不过的了。"在儿童发展的过程中,儿童的心灵与身体一样重要,都需要父母的关注与守护。其实,在快速发展和物质生活相对富足的时代,儿童的心灵比他们娇小柔弱的身体更需要关注,我们应关注儿童人格形成、心灵发展,尊重儿童的创造和探索,呵护他们纯真的心灵。

儿童的心灵

小心翼翼地呵护

>> 像所有的人类一样,儿童本身也有自己独特的人格。儿童美妙而应该受到尊重的创造力,绝对不能被抹杀;儿童纯真敏感的心灵,更需要我们小心翼翼地呵护。

——《家庭中的儿童》,第 55 页

朱永新解读:

儿童的心灵与身体一样重要。但对于越小的孩子,父母往往越注意关心孩子的身体,而忽视了他们的心灵。其实,儿童的心灵比他们娇小柔弱的身体更需要关注,因为心灵更容易被忽略。蒙台梭利说,"没有人可以光靠面包活下去,这句话用在童年生活上是再正确不过的了。"在儿童发展的过程中,如果过分重视物质问题,反而会导致儿童产生心灵的问题,因为"受物质奴役的儿童和成人,都会深感自卑,尊严尽失"。

亲爱的父母,我们固然不能够忽视孩子的衣食住行温饱冷暖,但更应该关注他们的人格形成和心灵发展,尊重孩子的创造性,呵护他们纯真的心灵。

精神病可能起源于婴儿期

>> 心理分析最惊人的一个发现是,精神病可能起源于婴儿期。从潜意识中所唤起的一些被遗忘的事情表明,儿童是尚未被认识到的痛苦遭遇的牺牲品。这个发现给人深刻的印象,又使人心绪不宁,因为它与人们所普遍相信的东西是完全不同的。

——《童年的秘密》,第 26 页

朱永新解读:

有人曾经把弗洛伊德精神分析学关于潜意识的发现誉为"哥白尼式的革命"。

的确,传统的心理学教学很少关注儿童的早期生活和早期经验对于人一生的持续影响。所以,当精神分析学家把视线投向人的早期遭遇和经验的时候,他们发现了许多关于人的奥秘。

尽管这些奥秘部分还是假设,部分还是病例,还没有建立清晰的因果关系图谱,但是对于我们父母来说,认识到早期经验对于孩子的重要影响就已经足够了。

有怎样的父母,就会有怎样的孩子。这样的判断有点绝对,但是就父母对孩子的早期影响来说,是有道理的。

我们要把儿童当作一个伟大的天使,当作一个珍贵的艺术品,小心地呵护。在儿童需要的时候,身边总有你在。让儿童按照他的意愿去认识世界。

不要让儿童的灵魂受到误解

>> 幼儿的"任性""顽皮""幼稚"可能就是他们由于灵魂受到了误解而发出的不幸的哭喊。

——《发现孩子》,第 59 页

朱永新解读:

儿童在创造自己的时候,类似于艺术家在创造一个伟大的作品,科学家在解决一个重要的难题。这个时候,任何粗暴的打断都可能让一个伟大的创造终止。"虽然儿童没有因为这样的情况而失去某种艺术杰作,可是他们却失去了自我。其实,他们的杰作就是塑造出一个新人,就是在内心深处打造出一个有创造力的天才。"

对于这样的打断,儿童经常用所谓的"任性""顽皮""幼稚"等表现加以抵抗。所以,亲爱的父母,在儿童出现各种任性、顽皮的行为时,首先不是责备他们,批评他们,而应该反思我们自己的行为,我们是不是对他们粗暴了?我们是不是打断了他们的伟大创造?真正理解孩子才能正确地开展教育。

请放开孩子

>> 请成人放开孩子，暂时离开一下，不要像"襁褓"一样裹住孩子，给孩子适当的自由。这将是教育的一大进步。

——《发现孩子》，第179页

朱永新解读：

蒙台梭利认为，只有"自然发展、乐于自己动手做事的孩子，是善于合作而又活力四射的"。所以，父母最需要做的事情，不是搂着孩子，拴住孩子，不是害怕孩子离开自己后遇到的种种艰难。如果那样，孩子反而会寸步难行，有碍孩子的成长。父母们应该"努力创建能够真正帮助孩子，为他们的成长发展提供各种锻炼机会的良好环境"。

亲爱的父母，如果你爱自己的孩子，不妨给孩子自由吧！自由不是让孩子为所欲为，而是给孩子独立的空间和时间，让孩子释放自己的能量，孩子需要亲自探索这个对他们来说充满神奇的未知世界。

关注儿童纯洁的内在心灵火花

>> 教师要像献身给炉火的女神维斯塔那样,保护别人点燃的圣火,不让它受到半点污染;老师必须将自己献身给儿童纯洁的内在心灵火花。如果儿童的心灵火花被忽略了,很可能就熄灭了,而且永远没有办法再点燃。

——《家庭中的儿童》,第 70 页

朱永新解读:

在古罗马,守护圣火是一项庄严而又神圣的使命。在圣火终年燃烧的神庙中,供奉着灶神维斯塔。维斯塔是宙斯的姐妹,为了守护圣火而拒绝了所有的追求者,终身未嫁。蒙台梭利用维斯塔为了守护圣火而一丝不苟的精神,要求教师要像她守护圣火一样守护儿童的心灵火花。这是因为,第一,儿童的心灵火花就像罗马人的圣火一样非常重要;第二,儿童的心灵火花一旦熄灭就无法再次点燃,具有不可逆性。

亲爱的父母,小心呵护孩子的心灵火花吧!他们每一次发问,每一个探究,每一种优秀,都要及时肯定强化,而不能不理不睬,更不能讽刺嘲笑。

把握好儿童教育的平衡点

>> 假如成人做得不够,儿童可能就没有办法顺利地发展;但是如果成人做得太过,则可能会阻碍儿童的发展,使儿童的创造力无法发挥。成人可以自己决定这个"点",而这个平衡点,我们称之为"介入的临界点"。

——《家庭中的儿童》,第 147—148 页

朱永新解读:

过犹不及,一切在度。教育儿童也是如此。

一方面,如果父母亲不负责任,做不到位,儿童的发展就会受到许多限制。另一方面,如果父母包揽天下,不留余地,儿童的发展也会受到不良影响。这个平衡点,就是教育的艺术所在。

事实上,西方的父母往往容易放任不管,过分强调自由;而东方的父母则往往容易管得太多,让孩子没有任何空间。这两种倾向都是应该努力避免的。

中国古代的《学记》中说:"故君子之教,喻也。道而弗牵,强而弗抑,开而弗达。道而弗牵则和,强而弗抑则易,开而弗达则思。和易以思,可谓善喻矣。"这里强调的就是一种教育的艺术,一种平衡的艺术。

儿童对外界影响十分敏感

>> 我们必须非常留意和儿童之间的相处之道，因为儿童对外界影响十分敏感，他们的感情世界比我们想象的还要细腻。

——《家庭中的儿童》，第120页

朱永新解读：

蒙台梭利关于家庭教育的第三条重要原则，就是"非常留意和儿童之间的相处之道"。为什么她如此看重这条我们成人看起来并不很紧要的原则？因为在这方面我们成人经常是麻木不仁的，甚至我们把过分在意孩子的哭闹等视为"宠爱"。

蒙台梭利举例说，眼泪其实都是儿童内心挣扎不安的外在表现，但是对成人来说，眼泪背后的原因是非常难以捉摸的。这个时候，就需要我们及时去了解眼泪背后的原因，"应该让儿童自己擦干眼泪，也应该尽可能地去安慰他"。

在孩子不愉快的眼泪出现时，我们应该怎么办呢？应该如何去帮助和安慰呢？蒙台梭利认为，不能简单地告诉孩子"不要紧""没关系"，因为这样很容易给儿童造成困惑。所以，一方面"我们绝对不能否定儿童的感觉，对儿童的情绪视而不见；当然在另一方面，最好也不要对儿童的情绪做太多的讨论，或者在儿童的感觉上大做文章。一句轻柔关爱的话，是儿童唯一需要的安慰"。

亲爱的父母，在孩子伤心流泪的时候，你能不能也准确地给他们一句轻柔关爱的话呢？

不能把儿童包围在谎言里

>> 那些不厌其烦鼓励儿童养成诚实习惯的成人，往往把儿童包围在谎言里，而这些谎言不但不能算是"小谎"，还常是有预谋的，且都是用来欺骗儿童的。

——《家庭中的儿童》，第 102 页

朱永新解读：

你想让孩子成为怎样的人，你自己首先要成为那样的人。你想鼓励孩子诚信诚实，自己首先就不要说谎。这是教育的一条基本原则。

但在现实生活中，许多父母"往往把儿童包围在谎言里"，有些是无意的"善意"谎言，有的则是专门用来欺骗儿童的。蒙台梭利举了一个非常生动的例子：有一次别人打电话邀请她的朋友去听音乐会，朋友在电话中大声回答："啊，真不好意思，我头疼得厉害，实在没办法去。"她还没有说完，隔壁房间的女儿就一声尖叫。朋友到女儿房间一看，孩子坐在地板上，双手捂着脸在哭泣。朋友问孩子发生了什么事情，孩子说："妈妈说谎！"小孩子对妈妈的信任由此被摧毁，孩子和妈妈之间"从此被无形的高墙阻隔"。

亲爱的父母，从这个故事中你一定能够得到启发吧？如果你想让孩子成为一个诚实的人，就不要在孩子面前说谎。

压抑会导致儿童情绪失调

>> 儿童情绪失调的直接原因是婴儿期受到的压抑。通常儿童在婴儿期的一些症状,例如失眠、噩梦、消化不良和口吃等,都是情绪失调导致的。

——《家庭中的儿童》,第 107—108 页

朱永新解读:

按照蒙台梭利的观点,每个儿童都拥有想飞的翅膀,但他们的翅膀却常常被父母折断;每个儿童都拥有想要活动的冲动,但他们的冲动却常常被父母无情地压制;每个儿童都有自己非常感兴趣的东西需要学习,但他们的兴趣却常常在父母面前碰壁。在不断受到压制压抑的过程中,儿童慢慢地形成了许多消极的心理问题,如失眠、噩梦、消化不良和口吃等。

心病还要心药医。亲爱的父母,要治愈这些由于压制压抑而造成的问题,就应该努力解放儿童,"让天真、纯洁的儿童自由发展",让儿童自己纠正成长过程中的问题。这是最好的教育之道。

尊重儿童的精神冲动

>> 儿童并非需要人喂养的小动物,他们自降生之日起就是一个拥有精神灵魂的活生生的人。如果我们认真考虑儿童的福祉,那么只有身体上的照料是不够的,我们还需要为其精神发展开路。从儿童出生的第一天开始,我们就应该尊重他的精神冲动,并且学会如何帮助他。

——《家庭中的儿童》,第 109 页

朱永新解读:

在读蒙台梭利著作的时候,我经常感叹,在我们的时代,家庭教育遇到的问题似乎与一百年前没有多少不同,父母们在家庭教育中的错误,与一百年前也没有多少差别。

蒙台梭利介绍说,在她的时代,母亲还是把相当的精力放在照顾孩子的身体健康方面,放在孩子饮食的营养结构方面,而对孩子的精神成长关心不够。

亲爱的父母,请记住蒙台梭利的忠告:"儿童需要的绝对不只是吃的东西而已。"他们对精神的需求,他们独立完成任务的需要,都应该得到充分的尊重和满足。

应该满足儿童的合理需求

>> 一个在成人掌控的环境中成长的儿童,他的许多需求都没有办法得到满足。儿童的需求不仅仅是身体上的,更重要的是心理上的;心理需求能否得到满足,会直接影响儿童日后在智能和道德精神方面的发展。

——《家庭中的儿童》,第 5 页

朱永新解读:

在一个由成人支配的社会中,自然是按照成人的意志和价值观来安排所有的活动,所以儿童的权利和要求经常被忽视。蒙台梭利批评说,我们差不多是用"近乎暴力"的方法来强迫儿童适应成人的生活世界。这种方法基本上要求儿童完全无条件地适应成人的生活世界。这么做等于否定了儿童作为一个独立个体的存在,对儿童是不公平的。

作为成人,我们更多的是考虑我们自己的需要,考虑的是如何让儿童根据我们的想法成长,而很少考虑儿童自身的需要,让儿童按照自己成长的生命节律去学习,去生活。亲爱的父母,儿童有自己的需求,尤其是儿童心理上的需求应该得到及时的满足,这样他们才能够健康地成长。

进行创造的人应该是孩子

>> 身为一个教育家,我们必须选择正确的途径,用我们的敏锐力去了解,什么样的行动才是帮助孩子发展所必需的。我们一定要控制自己的行为,以免造成破坏。进行创造的人应该是孩子,不是大人。然而这不是一件容易让人清楚了解的事,一般人的想法还是认定大人才是创造者。

——《蒙台梭利儿童教育手册》,第 26 页

朱永新解读:

蒙台梭利认为,教育学家们把婴幼儿阶段的儿童作为"软蜡",强调了这个时期儿童的可塑性。这本身是对的。问题是,究竟是父母和老师塑造孩子,还是孩子自己塑造自己?蒙台梭利的结论是:"孩子必须塑造他自己。"她指出,儿童是能够自动自发地塑造自己的。"而大人——这个孩子眼中无所不能的大师,却有可能盲目、粗鲁又不适当地介入,把孩子开始在自己的'软蜡'上画出的轮廓破坏掉。"

所以,亲爱的父母,我们还是应该学会观察,学会在孩子真正需要的时候助孩子一臂之力,不要越俎代庖,以免造成那些"好心的伤害"。

学会等待

>> 我们必须关心和爱护心灵的孩子,等待他们的出现。如果想象的创造姗姗来迟,那说明孩子的智力还未发育成熟。此时我们不应勉强孩子进行想象的创造,否则就等于给孩子戴上一副假胡子,实际上孩子要到20岁才能长出真正的胡子。

——《蒙台梭利幼儿教育科学方法》,第794页

朱永新解读:

欲速不达,在教育孩子的过程中也是一个基本的常识。

在孩子成长的过程中,一方面我们要关注敏感期,在孩子成长最关键的时候给予足够的支持和帮助,一方面也要有足够的耐心,不能够操之过急。否则,就等于"给孩子戴上一副假胡子",终究不属于孩子。蒙台梭利把孩子的成长比喻为一部汽车,父母和老师们经常想关掉马达,试图用手臂的力量推动汽车前行。但是,在这个时候,父母和老师只是一个苦力,而汽车也变成了毫无用处的机器。所以,父母和老师应该明白,"引擎"才是最重要的,真正前行的动力源于汽车内部的引擎。

所以,亲爱的父母,我们无法替代孩子的成长,我们也不能揠苗助长。

担任观察者的角色

>> 在我们的学校中,老师们都担任观察者的角色,孩子能自觉主动地进行自己的活动。而且,越希望孩子成长发展得更好,成人就越应该只在旁边观察。

——《发现孩子》,第 179 页

朱永新解读:

蒙台梭利一再强调,在她的学校,老师们应该担任观察者而不是指挥者,甚至不是参与者的角色。她注意到,在她的时代,一般的学校中,"老师通常在活动中占据主动的位置,孩子则被动地参与",这样会影响孩子们自觉主动的积极性。

亲爱的父母,我们要学会观察,正是指我们要学会欣赏。孩子终究要自己长大,我们无法代替他们的成长。能够了解一些儿童心理,懂得如何欣赏孩子,这样的观察恰恰是正确教育的前提。

不要打击儿童的积极性

>> 没有比在能力的形成期打击儿童的积极性更有害的了。如果儿童还不能完全控制自己的行为,如果他们连自己的意志都还不能服从,他们又怎么会去服从别人的意志呢?这就是儿童时而听话、时而不听话的原因。这个问题不仅会体现于儿童身上,在很多成人身上也会出现。

——《有吸收力的心灵》,第 201 页

朱永新解读:

蒙台梭利认为,对于三岁以下的儿童,如果命令不符合他们内心的需求,他们是不会服从的。三岁开始,儿童逐步学会服从。但这个时期的服从并不稳定,儿童无法真正地控制自己的行为。

了解了这一点,对这个时期的儿童,就应特别注意不要急于求成,不要强制服从。对他们时而听话时而不听话的表现,要有足够的耐心。随着孩子的成熟,自我控制的能力会逐步发展。在孩子出现反复时,父母一定不要打击他的积极性,这样才能促进孩子能力的形成。

健康的身体源于快乐的精神

>> 如果一个强健、残暴的罪犯会因灵魂空虚而死去，那么，一个被忽视了精神需要的儿童的命运将会是什么呢？婴儿的身体脆弱，骨骼正在发育之中，由于糖的过量，使其肌肉不能充分发挥它们的能力，只是虚胖；他的精密器官需要的是营养和氧气，但如果要想使他的功能令人满意地得以实现的话，他还需要欢乐。健康的身体源于快乐的精神。

——《蒙台梭利幼儿教育科学方法》，第616页

朱永新解读：

是的，正如蒙台梭利所说，"身体的活力依赖于精神的活力"。心灵的荒芜会导致身体的死亡。她以现代监狱有先进的设施与基本的物质生活，但缺少精神生活为例，指出："当人的精神食粮被剥夺之后，他的血肉、他的内脏、他的骨骼都将一并死去。就像一棵树，一旦离开了泥土中的硝酸盐和空气中的氧气，它就会枯萎。"对于儿童来说，缺乏精神的滋润，就是最残酷的待遇，最严厉的惩罚。

亲爱的父母，记住，孩子心灵的最好营养是你的微笑、你的鼓励，精神的快乐不仅是健康身体的源泉，更是孩子人格发展的关键。

依据儿童发展的自然规律 让他们有发展的可能性

>> 我们必须尽可能依据儿童发展的自然规律让他们有发展的可能性，促进他们的发展，这样儿童才能茁壮成长，而一个发展健全、强大的儿童，日后的成就远比我们所期许的还要宏大。

——《家庭中的儿童》，第82页

朱永新解读：

所谓"尽可能依据儿童发展的自然规律"，就是尊重儿童自身的乃至"内在的法则"。按照蒙台梭利的观点，每个儿童都具有自我适应和成长的内在的力量，这种力量不能够通过揠苗助长的方式激发出来，只能够由儿童"以他们的本能直觉，找到通往力量之路"。儿童的这种内在力量能够发挥到怎样的程度，也标志着儿童能够发展到怎样的水平。

亲爱的父母，还是记住蒙台梭利的教诲吧：学会聆听儿童生命的声音，尊重儿童神奇的生命过程，满怀信心地等待儿童，让儿童成为自己的主人。"我们真正应该做的，是引领儿童找到那条通往他内心世界的道路，而不是一再挫伤他的发展。"

不要揠苗助长

>> 成人的工作和儿童的工作之间另一个明显的差异是,儿童并不是寻求获利或帮助。儿童必须靠自己进行工作,他必须完成工作。没有人能挑起儿童的担子,代替他长大。儿童也不可能加快他的发展速度。一个生长中的生物特有的性质之一就是,它必须遵循一种进程表,既不允许推迟也不允许加快。自然是严厉的,它会对由于功能歧变,即反常或称作"迟滞"的病患所引起的点滴不服从的行为给予惩罚。

儿童拥有一种驱动力,它不同于成人的驱动力,成人总是为了某些外在的目的而行动,这种目的要求他奋发努力和艰苦牺牲。但如果一个人要完成这个使命,他必须从他曾经做过的儿童那里获得力量和勇气。

——《童年的秘密》,第 193 页

朱永新解读:

生命,是有自己的生长节律的。儿童的成长也是有自己的节奏的。中国古代的《学记》,早就认识到"学而有时"的道理,认为"时过然后学,则勤苦而难成"。而"欲速则不达""揠苗助长"等成语,也反映出古人的教育智慧。

蒙台梭利认为,教育的真谛之一,就在于尊重儿童的成长节奏,没有人能够挑起儿童的担子,代替儿童成长;儿童也不可能加快自己的发展步伐赶上成人的脚步。这与现代心理学的研究成果是完全吻合的。

如著名的双生子爬楼梯实验，一个经过训练的孩子可能先学会了爬楼梯，但到了一定的时候，另外一个没有经过训练的孩子也自然学会了爬楼梯，而且两个人的效率与水平不分伯仲。

所以，父母应该有充分的耐心，应该让孩子在适当的时候接触适当的事物，学习适当的事情。

大脑的两种重要能力

>> 想象力和抽象能力是大脑的两种重要能力。凭借这些能力，大脑可以发掘出隐藏于事物表象之下的本质。而且，这两种能力对人的心理发育同样意义重大，对语言学习来说也必不可少。

——《有吸收力的心灵》，第 140 页

朱永新解读：

帕斯卡说，人是能够思想的芦苇。的确，人其实是自然界中比较脆弱的生物，人与生俱来的能力比许多动物少而且弱。但因为人拥有思想，而变得比任何动物都要强大。人与人之间的根本差别，也主要是拥有思想的不同。思想的能力，包括形象思维和抽象思维两个方面，人类通过这两种能力去认识世界和改造世界，也是通过这两种能力去拓展其他新的能力。

对父母而言，其实只需牢记：问号是打开世界之门的钥匙，是发展孩子思维能力的关键。好好呵护孩子最初的好奇心和想象力，就能为他们思维能力的发展打下坚实的基础。

消除儿童的『出生恐惧』

>> 婴儿是突然地、非自愿地降生到这个陌生世界的。这里的环境与他们之前在子宫中生活的环境完全不同。他们必须适应新的环境，却又无法用语言表达适应过程中的辛苦。现代心理学家用"出生恐惧"一词来描述婴儿在这一具有决定性意义的重要时刻的心理生命。

——《有吸收力的心灵》，第 53 页

朱永新解读：

"出生是一个痛苦之旅"。我们经常提到母亲在诞下一个新生命时的挣扎、煎熬、艰难，却很少有人关注到婴儿来到这个世界的痛苦和不安。因为，母亲可以通过她的倾诉与身体语言直接表达自己的感受，孩子却只能哭泣而无法言说。蒙台梭利为孩子打抱不平地说，如果儿童会说话，他们一定会问我们："你为什么要把我带到这个可怕的世界？""我该怎么忍受这些可怕的噪声？""我该如何忍受巨大的天气变化呢？"相对于母亲子宫里的恒温和安静，婴儿来到的这个世界无疑是他们最初难以接受的。

亲爱的父母，当你从婴儿的角度想到这些，在新生命刚刚诞生的时候，一定要倍加珍惜、小心呵护，给他温暖，给他安静，细心地帮助他们适应新的环境。

纪律性是后天形成的

>> 我们永远都要记住，内心深处的那种纪律性不是与生俱来的，而是后天形成的。而为这种纪律性的形成指明方向就是我们的任务。儿童可以集中注意力关注对他们有吸引力的事物的时候，他们就已经具有了这种纪律性。这些具有吸引力的物体可以给儿童非常有用的实践经验，而且还有助于儿童对错误的控制。

——《有吸收力的心灵》，第 205 页

朱永新解读：

与服从能力一样，儿童的纪律性也是伴随着他们的控制能力逐步形成的。正如蒙台梭利所说的那样，"儿童的智慧和纪律正等待我们的呼唤，它们会醒来"。而一旦儿童内心的这种纪律性被唤醒，他们就会表现出安静、快乐，甚至能够达到一种"忘我的境界"。作为学校和教师，就是要给他们提供足够的精神空间和充分的发展机会，帮助他们排除各种影响发展的障碍。

亲爱的父母，专注、纪律、自我控制，都是儿童成长过程中需要特别关注和培养的品质，当孩子专注地观察和学习、游戏时，不要轻易打扰他们；当孩子不能够做到时，也要有足够的耐心，等待他们。这些品质一旦形成，就会让孩子受用一生。

关注儿童的智力和道德

>> 如果对身体的关注能够帮助孩子保持健康，那么对智力和道德的关注也会尽可能地为他们提供最高的精神愉悦感，同时会把他们带入一个充满惊喜并正待发现的世界，这个世界不只涉及外环境，更触及人的灵魂深处。

——《蒙台梭利的儿童教育方法》，第 194 页

朱永新解读：

所有美好的教育都是全人的教育，都是身心灵和谐发展的教育。正如蒙台梭利所说，"一位好的老师会同等重视孩子们在生理、智力及道德上所取得的进步，所以在老师的指导下，结合我们的方法，孩子们的身体和心智都将会得到极大的发展。"

亲爱的父母，仅仅关心孩子的身体健康是不够的，同时关注孩子的智力发展也不够，如果没有道德上的完善，孩子终究也是走不远的。没有触及灵魂深处的教育，就没有真正激动人心的快乐。这种快乐需要三者同时作用。正如英国诗人华兹华斯说的那样：人类所有的奥秘都存在于孩子的灵魂里，而那里也正是人类生存的真正意义所在。

优秀品质往往深藏在儿童心里

>> 对于那些问题儿童来说，人类的一些优秀品质往往深藏在他们的心里，当它们被开发出来，老师就将获得一种满足感，觉得自己获得了一种回报。而具备这些优秀品质的儿童工作的时候也不会感到疲倦，他们永远都那么有热情。这样的孩子能够努力地去攻克一个又一个难关，这也会给他们带来极大的快乐。

——《有吸收力的心灵》，第 218—219 页

朱永新解读：

每个孩子都是天使，每个孩子都有一颗金子般的心灵。问题只是在于，有时候他们金子般的心会被某些事物遮蔽、掩盖。如果我们能够像淘金者那样，拥有百般的耐心与细致，就能够真切地发现儿童的这种美好与美丽。一旦发现，其实我们自己也会从中得到巨大的快乐，就像淘金者发现金矿那样欣喜、满足。

亲爱的父母，虽然我们喜爱自己的孩子，甚至偏爱自己的孩子，但是，我们也经常会对孩子失去耐心和期待。请记住，任何时候都不要对孩子失望，要坚信孩子的心就像金子一般，要像寻找金矿那样去发现孩子的优秀品质。

培养孩子们对大自然的感情

>> 培养孩子们对大自然的感情。大自然用它创造的神奇力量,慷慨地回报人们的劳动,帮助人类演变并衍生出新的生命。

在劳动中,孩子们的心灵和他们照顾下得到发展的生物之间,也衍生出一种关联,孩子们自然而然地热爱这些生命。

——《蒙台梭利的儿童教育方法》,第 70 页

朱永新解读:

蒙台梭利认为,自然教育的第三种方法,是"孩子们被教育耐心的美德和有信心的期望,这是信仰的形式和生活的哲学"。她指出,让孩子种植不同的植物,孩子们会发现不同植物的生命周期不同,发芽、开花、结果的时间不同,慢慢就会"获得一种心灵的平衡,会萌生出生活的智慧"。在这个过程中,也就进入自然教育的第四个方法——培养出对大自然的感情。在这个过程中,孩子们与自己照顾的动植物之间建立了深厚的情感,他们自然而然地会热爱这些生命,产生"同宇宙融为一体的一种形式"。最后必然进入第五种方法,让孩子们"沿着人类发展的自然道路前进"。也就是说,能够更加理解大自然,尊重大自然的规律。

亲爱的父母,自然的力量,自然的教育,就是孩子在与大自然的接触过程中不断体悟的,让孩子们走进大自然、亲近大自然、热爱大自然吧。

孩子应观察生活中的自然现象

>> 孩子们应该对生活中的自然现象进行观察。他对植物和动物所持的态度应该与观察他们的教师对他们的态度相类似。随着兴趣的增加,他的观察也会越来越细致,他对小生命的热情关心也会与日俱增。

——《蒙台梭利的儿童教育方法》,第69页

朱永新解读:

蒙台梭利对于自然教育的问题特别重视,而且专门总结出五条自然教育的方法。她认为,必须让孩子们沉浸在大自然中,感受大自然的力量。因为这样对他们的精神成长非常有益,"孩子在天地之间呼吸,触摸大自然,他的心灵会与天地万物密切交融,吸纳天地万物间的灵气和精华,汲取有益的养分。他会感觉生命更加美好,人类的生命也会更加富有灵性"。

所以,父母应该鼓励孩子走进并探索大自然,在这样的过程中,他们才会真正把动植物视为有呼吸的生命体,会用父母对他们的慈爱对待这些动植物,对待大自然。一旦如此,大自然中的万事万物,都会成为孩子们的老师,不断丰富他们的心灵。

练习使孩子们的精神得到发展

>> 练习使孩子们的精神得到发展,而精神发展的完善使他们工作得更加出色。进步使他们感到高兴,于是他们更愿意沿着这条路继续发展。纪律不是一种行为,而是一种路径,通过这条路径,孩子可以准确地领会并掌握所谓优秀的抽象概念。

——《蒙台梭利的儿童教育方法》,第181页

朱永新解读:

儿童是在练习中不断进步的。蒙台梭利认为,儿童具有自我完善的能力与要求,他们会不断克服自己这个年龄段的缺点,不断向前迈进。"当成年人有不好的行为时,只要给他们严厉的告诫,他们就会改变意志方向,向着好的行为转变"。但对儿童而言,发号施令显然是不行的,我们需要教会他们,他们也需要不断地练习才能逐步完善自己的动作。在练习的过程中,儿童感受到自己的进步,"品尝到了征服目标过程中所获得的精神快乐",从而愉快地迈出成长的下一步。

亲爱的父母,不要为孩子幼稚的行为、笨拙的行为担心,处于成长发育中的他们,是需要不断练习才能够逐步精确的。

孩子的心中有一个财富小屋

>> 在这个长期的纪律培养中,孩子们经历了兴奋、快乐和觉醒,这些在他们的内心世界成为了一种财富,在这个财富小屋中他们慢慢储藏喜悦和力量,这种财富也将是他们未来人格中正直的源泉。

——《蒙台梭利的儿童教育方法》,第 181 页

朱永新解读:

蒙台梭利所说的这个儿童心中的财富小屋,与其说储藏着喜悦与力量,不如说储藏着儿童生命中各种正能量,小屋里的财富就是他们人生的财富,就是他们未来人生之路的力量源泉。

所以,亲爱的父母,我们要对孩子有足够的耐心,不要轻易地责怪他们、批评他们,更不要动辄惩罚他们。如果他们的财富小屋不能够聚集足够的积极能量,他们的生命也就很难迸发创造力,这样没有觉醒的人生,就会黯淡无光。

好奇心是激发科学研究的动力

>> 对知识充满好奇和获取的热情，这是一种高层次的占有心理，儿童会在这种心理的引导下推开知识的大门。好奇心是激发科学研究的动力。而且，这种对事物的好奇心还会影响他们对待相关的其他事物上面。

——《有吸收力的心灵》，第 168 页

朱永新解读：

蒙台梭利认为，儿童的占有心理对儿童的心灵发展具有正反两方面的作用。从正面的效果来看，被周围事物吸引的儿童充满着对知识信息的强烈占有欲望，能够使儿童小心翼翼、投入而专注地进行自己的活动，使他们深深爱上周围的环境。所以，呵护儿童的好奇心，鼓励孩子们进行自主的探索，对他们的心灵发展具有重要的价值。

好奇心不仅是科学研究的动力，更是孩子探索世界的精神力量源泉。亲爱的父母，一定要尊重孩子的兴趣，耐心地回答孩子的各种问题，温柔地对待孩子对于所有事物的痴迷状态，精心引导孩子积极探索广大的世界。

孩子的道德力量

>> 孩子表现出来的那种纯真、勇敢和自信,都出于道德的力量,这也体现出他们融入社会的倾向。同时,孩子的缺点,比如行为缺失、破坏力、说谎、害羞、恐惧,以及所有令人想象不到的抗争方法,都会立刻消失得无影无踪。

——《发现孩子》,第 85 页

朱永新解读:

与其努力改正孩子的缺点,不如尽可能培养孩子的优点。孩子优点形成的过程,就是克服他们自身缺点的过程。

孩子身上的"潜意识心智",不仅是他们智慧形成的基础,也是他们道德形成的基石。这种"道德的力量",帮助孩子们形成诸如纯真、勇敢、自信的品质,同时也让说谎、害羞、恐惧、破坏等不良的品质消失得无影无踪。

亲爱的父母,努力帮助孩子形成良好的品质吧。眼睛里充满了美好,阴暗的事物自然就没有了生存空间。

奖品会消磨神志、伤害智力

>> 用奖品引诱学生，消磨他们的神志，伤害他们的智力，这值得吗？难道勤奋学习，努力工作，好好做人，一切都是为了获奖吗？当他们为一种无法抗拒的自我保护本能所驱使，竭力避免这些危险时，我们却用惩罚来遏制他们，这行吗？众所周知，小学里的获奖者在高中都是些普普通通的学生；高中时的获奖者到大学时已江郎才尽；而那些在学校里经常获奖的学生正是那些在生活的角逐中最容易败北的人。

——《蒙台梭利幼儿教育科学方法》，第 822 页

朱永新解读：

儿童的行为动机往往有三种类型：一是为了得到外部的奖励和逃避外部的惩罚；二是为了得到别人的认可和赞誉，即"我要做个好孩子""我要捍卫游戏规则"；三是为了自己的行为原则（将心比心与惠泽天下）。新教育实验把第一种类型称为自然功利阶段，第二种类型称为习俗规则阶段，第三种类型称为道德仁爱阶段。毫无疑问，奖励与惩罚属于第一种类型。虽然在家庭教育和学校教育中离不开奖励和惩罚，但奖励和惩罚不能够成为控制与改变孩子行为的最重要的措施。蒙台梭利的观察也清晰表明，那些依靠表扬的孩子，越往上效果越差。

亲爱的父母，千万记住，奖励和惩罚应该是教育过程中尽可能少用的办法，而应该尽可能激发儿童自己向上的力量，引导孩子从自然功利阶段向习俗规则、道德仁爱阶段迈进。

防止孩子的『权力欲』

>> 一个不正常的儿童,当他感到有一个对他来说是能支配所有事物的强有力的成人在场时,他的自我感觉就良好。这种儿童认识到,如果他能利用成人来活动,他的力量就大。他开始利用成人,这样他就能比通过独自的努力获得远为多得多的东西……

一个成人,无论他是高的或矮的,跟儿童相比他总是一个强有力的人。儿童受了自己梦想的支配而开始利用他。最初这个成人看到他给儿童带来幸福就既满意又高兴。但是这种让步带来了不幸。成人帮他的孩子洗手,但是以后,他将为这种要求的让步而付出代价。儿童在得到了最初的胜利之后,就期待第二个胜利,成人做出的让步越多,儿童就渴望得到更多的东西。最终,成人被用来满足儿童欲望的这种错觉化成了苦果……

即使一个顺从的儿童也有他自己征服成人的方法。他通过情感,通过眼泪、恳求、忧郁的眼神,甚至通过他的自然魅力来获胜。成人会屈服于这种儿童,直到他无法给予更多的东西,然后进入一种痛苦的状态,这将导致各种各样的歧变。

——《童年的秘密》,第 166—167 页

朱永新解读:

蒙台梭利认为,与儿童的占有欲相联系的另外一个不正常的心理是"权力欲"。对于一个软弱无助而又充满想象力的儿童来说,成人总是具有无限的权力,

能够满足他"最奢侈和变化无常的愿望",就像那些神话故事中魔法无边的仙女一样。所以,他们会尽可能请求成人为他们做各种各样的事情,而大部分成人也乐此不疲地愿意为孩子做这样那样的事情。儿童就通过控制成人而控制他的世界。

所以,父母们应该知道,有分寸地满足孩子的需要,有节制地帮助孩子完成各种任务,不能够成为孩子的"傀儡"任孩子摆布自己。应该学会对孩子说"不",即使孩子苦苦哀求,眼泪汪汪,应该他自己做的事情,就由他自己去做;应该他完成的任务,就由他自己去完成。孩子,更多的是被宠坏的,而不是被要求坏的。

不要让孩子的发展受挫

>> 让孩子信服或者服从某个人,这并非孩子的内在发展所需要的外在表现。可是我们却一再地要求孩子遵从这些外在的行为要求,不给孩子机会让他成为自己的主人,并且发展他的内在潜能。我们真正要做的应该是,引导孩子找到通往他内心世界的路,而不是一再让孩子的发展受挫。

——《发现孩子》,第 71 页

朱永新解读:

蒙台梭利曾经说过,现代教育其实只有两条最重要的原理:一是因材施教,二是解放儿童。对于她说的第一条原理,我们往往比较认同,因为如果不遵循这个原理,就无法真正地走近儿童,有针对性地进行教育。对于第二条原理,我们往往容易忽视,因为我们总以为自己是最高明的,儿童是懵懂无知的,必须按照我们的想法行动。其实,正如蒙台梭利说的那样,"我们只有去聆听孩子生命的声音,才能够帮助孩子选择他真正需要的工作"。越是尊重孩子,越是解放孩子,他们的创造力就越是能够得到释放。

亲爱的父母,给孩子机会吧,给孩子选择吧,帮助他寻找通往自己内心的道路吧,学会做一个欣赏者和帮助者吧!

为孩子们提供内心生活所必需的东西

>> 孩子应该先有内心生活的创造,然后才能把它表达出来。为了创造,他们需要自然地从外部世界吸取"建筑材料"。在他们能够发现事物之间的逻辑联系之前,对他们的思维要多加训练。我们一定要为孩子们提供他们内心生活所必需的东西,然后让他们自由地进行创造。只有这样,我们才会看到一个双眼闪烁光芒、边走边思考、充满灵气的儿童。

——《发现孩子》,第 171—172 页

朱永新解读:

创造不仅需要"观察",不仅需要外部生活的体验,也需要自己内心的创造,需要充分的时间与空间。蒙台梭利认为,创造是儿童的天性,但是每个孩子的创造性表现不是整齐划一的,应该有足够的耐心发现与等待。如果有些孩子的创造性想象姗姗来迟,就说明他们的智力还没有充分成熟,如果在这个时候强迫孩子进行想象的创造,"就等于给孩子戴上了一副假胡子"。

亲爱的父母,相信你们也不希望自己的孩子戴上到了 20 岁左右青年期才会有的假胡子,而是期待看到一个"双眼闪烁光芒、边走边思考、充满灵气的儿童"。

孩子的恐惧和说谎是被迫的

>> 孩子的恐惧和说谎一样,也是由被迫屈服和被迫顺从引发的。这种情绪对孩子造成的伤害,远比其他情绪反应更为严重,因为它会使孩子的想象与感觉发生混乱。这种情绪上的混乱常常发生在缺失内在发展机会的孩子身上。

——《发现孩子》,第 185 页

朱永新解读:

正如蒙台梭利所说的那样,在父母与孩子的"战争"中,胜利的一方始终都是父母。父母为了达到唯我独尊的目的,总是命令孩子闭上嘴巴。用这样的方式赢得的"和平",永远无法真正地征服孩子。所以,"父母在赢得胜利的同时,也失去了孩子原本对他们的信任,并且连同孩子的自然情感和相互信任也一并失去了"。其实,孩子的恐惧与说谎等,也是在这种强权下形成的。孩子们为了避免父母和成人的惩罚,为了满足父母或者成人的需要,往往会选择说谎等来掩盖自己的真实言行。

亲爱的父母,当孩子出现恐惧、说谎等消极甚至错误行为的时候,你是否反思过,这也许与你自己不恰当的教育方式有关呢?

不要折断孩子准备飞翔的翅膀

>> 孩子在童年原本都拥有一对翅膀,但在他们振动翅膀准备飞翔时,他们的"翅膀"却被生生地折断了。孩子一旦接触不到自己感兴趣的事物,他们的想象力就会失去自觉性,只能在物质世界里漫无目的地找寻。由于缺乏现实体验,孩子离真实的世界会越来越遥远,他们的生活也会变得偏离正轨,最后只能陷入毫无益处的神游之中。

——《发现孩子》,第186页

朱永新解读:

蒙台梭利对孩子的"被动模仿"问题进行了精辟的分析。她认为,孩子们一味地"有样学样",这与其说是一种自我完善的成长方式,还不如说是一种走向"堕落"的捷径。因为,成长是一种自我的内在工作,光看别人如何做是无法实现成长的。"孩子内心的期望被压抑,就如同深埋在地下的宝矿一样,被永远地掩藏了起来,他们永远也无法知道这些期望的真正价值。"

所以,亲爱的父母,放飞孩子,让他们展开翅膀去自由飞翔。让他们成为自己世界的主人,自己去探索属于他们的世界,自己去面对各种困难和挑战,自己去解决问题,这才是最好的教育。

愤怒和反抗　孩子故意淘气是表达

> >>孩子为了保护自己，他们弱小的灵魂仍然会不停地进行抗争。然而他们只能用躁动、任性、哭闹、发脾气、使性子等消极的方式来表达。孩子故意淘气实际上是他们表达愤怒和反抗的另一种形式。这时，孩子消耗掉的不是正常的精力，而是在缺乏想象力时表现出的令人生气的恶言恶行。
>
> ——《发现孩子》，第 186 页

朱永新解读：

对待孩子们的各种淘气捣蛋行为，父母们经常认为是孩子"学坏"了。其实，正如蒙台梭利说的那样，这些行为是孩子们保护自己，为自己争取利益和权益的方式，也是他们表达愤怒和反抗的一种形式。

现代医学和心理学的研究发现，孩子们的许多情绪失调，如失眠、做噩梦、消化不良、口吃等，与他们在婴幼儿期间受到的压抑有密切的关系。所以，在父母与孩子的"战争"中，孩子们要么成为手下败将，产生上述情绪失调的行为；要么通过抗争来战胜父母，父母就开始无原则地满足他们的各种要求，使他们出现任性、自私等不良行为。

防止孩子自卑

>> 成人由于不断地羞辱儿童,使他感到自己软弱,从而压抑了儿童行动的欲望。但是,成人并不满足于仅仅阻止儿童的活动;他还不断地对儿童说"你不能做那件事;即使想尝试一下,对你是无意义的",如果这个成人是粗暴的,他甚至会说:"你这个傻瓜,你在做什么?你难道不知道你不能做那件事吗?"这种行为方式不仅阻碍儿童工作,打断了他行为的连续性,而且还是对儿童的一种侮辱。
> 这使得儿童相信,不仅他的行为是无价值的,而且他个人也是无能的和笨拙的。这种信念也就是沮丧和缺乏自信的源泉。
>
> ——《童年的秘密》,第 170 页

朱永新解读:

蒙台梭利揭示了儿童自卑感形成的关键因素——成人的压抑、批评与羞辱。

他认为,如果一个成人不断使得儿童相信他自身是无能的,一种无能和比其他人低劣的感觉就会在儿童的内心固定下来,"一片乌云就会降临到他的心灵上,他就会陷入冷漠和恐惧的状态之中",儿童的"自卑感"就会逐渐形成。

这种自卑感,会导致儿童产生诸如"胆怯,做决定时迟疑不定,面临困难或批评就退缩,经常流泪,流露绝望的神态"等,对生活失去信心。

所以,父母们应该知道,自信是儿童重要的心理品质。摧毁了儿童的自信,就等于摧毁了儿童的人生,因为自信是一个人安身立命之本。不要吝啬你们的一个欣赏的眼神,一个肯定的赞许,不要轻易地否定孩子的一个创意,一个探索。要让孩子正确对待自己的小小失误和挫折,不要因此丧失了对自己的信心。

防止孩子恐惧

>> 儿童很可能害怕过马路,或者害怕床底下有猫,或者害怕看到鸡。这些害怕很像精神病医生在成人中所发现的病态恐惧。这在依赖成人的儿童身上特别容易发现。成人可能利用儿童的无知,用模糊的恐惧恐吓他,这样他就会服从。这是成人用来对付儿童的最坏的一种防御手段,因为它利用到处存在着的可怕形象,使儿童对黑暗的天生恐惧加剧了。

能使儿童接触现实、体验和理解他的环境的任何东西,都将有助于他摆脱这种紊乱的恐惧心态。我们的能使儿童正常化的学校最初成果之一,就是这些潜意识的恐惧的消失。

——《童年的秘密》,第 171—172 页

朱永新解读:

儿童来到这个世界的时候,是没有任何恐惧感的。他热烈欢迎着、热切期待着自己面对的世界。

儿童的恐惧感基本是在成人或者同伴的传染或恐吓下形成的。无论是对黑暗的恐惧,对动物的恐惧,还是对独处的恐惧,都是如此。

所以,父母不要为了让孩子安静、听话,而用一个莫须有的东西威胁、恐吓孩子。那样做,可能会取得一时的成效,但会埋下恐惧的种子,让孩子一生背上恐惧的包袱。

在孩子出现恐惧感的时候，要帮助他们学会战胜恐惧。如果孩子恐惧黑暗，父母可以陪伴孩子在黑暗中生活，可以讲昼夜轮回的科学常识，鼓励孩子独自面对黑暗。如果孩子恐惧动物，父母可以带着他们与动物接触，亲近抚摸动物，久而久之，就会在适应中告别恐惧。

孩子的说谎有其自己的意义和重要性

>> 存在各种各样的说谎,每一种说谎都有其自己的意义和重要性。

——《童年的秘密》,第 173 页

朱永新解读:

儿童说谎并不一定都是不诚实的道德品质问题。儿童的谎言背后通常都隐藏着他们的需要和动机。教师和父母应该了解儿童说谎的原因,具体地分析孩子说谎的心态和动机,针对不同情况采取不同的措施。

经由心理保健恢复健康

>> 儿童身上的通病——不安分、懒惰、不守秩序、粗暴、顽固、不听话等——只是功能性疾病,可以经由一种心理保健的方式恢复健康;换种说法即"正常化"。

——《人的成长》,第53—54页

朱永新解读:

蒙台梭利认为,所谓"正常化",就是要帮助儿童建立和保持稳定的健康状态。这个过程不是"儿童服从某个教训他们和纠正他们的老师",而是让儿童找到"自然规律的引导"。

亲爱的父母,我们必须牢记:儿童的许多问题,如不安分、懒惰、不遵守秩序、粗暴、不听话等,不是儿童故意捣乱破坏,更不是他们的思想品德不好,而是他们的心理出了问题。在家庭和学校中,我们经常容易把心理问题与品德问题相混淆,误读了儿童,错怪了孩子。心病还需心药治,关键是要寻找到这种"正常化"的路径。

引导儿童超越现实的利益

>> 我们应该推动一种宏观的教育,能使人超越现实的利益。太执着于眼前的物质得失,才会引起嫉妒与竞争;而开阔的心胸能引起另一种情操,使人愿意为一切能推动人类真正进步的事业献身。

——《人的成长》,第 57 页

朱永新解读:

蒙台梭利认为,对于儿童的许多不合理需要,不能够用"直接纠正"和"压制"的方法,而应该通过"拓展生活空间"来实现。也就是说,要努力为儿童的人格成长提供更多的通道,引发他们更为广泛的兴趣,而不是"只注意身边的人,整天与他们比较"。这就是所谓的"宏观的教育"。"与其抑制儿童的欲望,不如鼓励他们去征服无限。"超越了眼前的蝇头小利,儿童就会变得更豁达大度,更尊重外在的规范与心中的道德法则。

亲爱的父母,这其实就是告诉我们一种积极的教育法则:与其强力去压制坏的做法,不如努力去提供好的选择。在孩子心灵的沃土上,我们不要仅仅是不停地去除杂草,更应该用心地去播撒庄稼的种子。

心智具有相当敏感性

>> 心智如同柔软的蜡一样,它对某些刺激具有相当敏感性,等过了这一时期,这种敏感性就消失了。

——《蒙台梭利儿童教育手册》,第13页

朱永新解读:

蒙台梭利在教学过程中发现:当老师们在念生词让学生从拼音字盒里挑出相应的字母时,许多4岁的小娃儿只需要老师念一遍就够了,而对7岁或者更大的孩子,老师反而需要重复几次才能够让他们掌握正确的读音。由此,她断定,儿童在发展的过程中一定存在"特殊敏感期",这个时期的儿童心智,就像柔软的蜡一样,及时地印刻他们学习的东西。在这个敏感期,学习特定的内容,一定是事半功倍的。

现代心理学尽管还没有发布系统的敏感期研究成果,但已经证实了敏感期(也称关键期)的存在。所以,父母们还是应该努力去观察,积极去捕捉,在儿童学习语言、绘画、音乐、体操等内容时,把握最好的时机。

人对心灵食物的需求甚于物质的食物

>> 智慧是人的天然本质，所以人对心灵食物的需求甚于物质的食物。

——《蒙台梭利儿童教育手册》，第 25 页

朱永新解读：

蒙台梭利说，人与其他动物不同，人是在生活与相关的经验中建构自己的行为的。我们经常简单地把儿童当作一个生物学意义上的人对待，关注的是他们的衣食温饱，把食物当作重要的奖励惩罚手段，结果是把儿童降为动物的水平。

其实，儿童心灵的需要远远大于食物的需要。当儿童需要心灵的食物时，任何物质的食物都是无济于事的。作为父母和老师，尤其应该学会关心孩子的心灵需要，提供正确的心灵食粮。

帮助孩子避免再犯错误

>> 真正对孩子好不是去包容孩子所有的错误，而是要找到方法帮助孩子避免再犯错误。

——《发现孩子》，第 178 页

朱永新解读：

孩子们犯错误不可怕，可怕的是不断犯同样的错误。人不是在犯错误中成长，而是在改正错误的过程中成长。应该采取怎样的态度对待孩子们的错误呢？自然不是批评指责，不是拳打脚踢；也不是不闻不问，听之任之；更不是包庇容忍，推诿责任。而应该帮助他们了解错误形成的真正原因，分析如何有效地避免再犯类似的错误。

亲爱的父母，让我们记住蒙台梭利的教导吧。用爱原谅孩子犯过的错误，用智慧帮助孩子不犯同样的错误。

道德的饥饿与精神的疾病

>> 童年是人的一生当中最重要的发展阶段,道德的饥饿或精神上的疾病都会对人造成致命的影响,其严重性不亚于身体的挨饿受冻。

——《蒙台梭利儿童教育手册》,第150页

朱永新解读:

蒙台梭利认为,儿童与成人其实是生活在两个不同的世界里。同时,"没有一个孩子能在成人世界里过平常的生活"。在成人的世界里,儿童是在各种命令和教训下生活的,所以他们的发展受到了各种各样的"干扰和阻碍"。结果,孩子们在萌芽过程中所有充满生命的力量将奄奄一息,"孩子的心里只剩下一个念头:赶快和每件事、每个人脱离关系,得到自由的解放"。

亲爱的父母,正如蒙台梭利说的那样,"儿童教育确实是人类发展教育中最关键的一环"。我们既然有幸与自己的孩子相遇,就要善待这份特别的情缘,就要像防止身体上的挨饿受冻那样,防止孩子精神上的"挨饿受冻"。

第九章

**抓住学生珍贵的
专注时刻**

导语

  注意力是心理学最感兴趣的问题，也在教育方面表现出了最实用的价值，即：儿童在专注的状态下，学习效率最高。当儿童专注于某件事情时，他们的心里就好像突然长出了某些东西，被外界的活动深深地吸引住了。这些活动抓住了儿童的注意力，他们会不断地重复做一件事情。因此，教育就是要努力培养儿童专注的品质，让他们学会持续地观察问题、研究问题，持续地读书、思考。

察觉学生珍贵的专注时刻

>> 所有的教育方法都秉持同一个教育方针：学会察觉学生珍贵的专注时刻，以便应用于读、写、讲故事，随后进一步应用于语法、算术、外语等科目。此外，心理学家也一致同意，教学方法只有一个，那就是必须使学生保持高度的兴趣和强烈、持续的注意力。

——《家庭中的儿童》，第68—69页

朱永新解读：

学会察觉学生珍贵的专注时刻，蒙台梭利把这个方法提升到"教育方针"的高度，不是空穴来风，而是她基于对儿童的长期观察得来的结论。无论学习什么学科，只要儿童能够保持高度的兴趣和强烈、持续的注意力，就一定能够取得较好的效果。"专注"，是一个被我们的教育长期忽视了的品质。

亲爱的父母，在专注的状态下，学习效率最高。为此，我们不仅不要在孩子专注于某件事情的时候去轻易打扰和中断，而且应该努力培养孩子专注的品质，让他们学会持续地观察问题、研究问题，持续地读书、思考。

把握儿童的注意力

>> 注意力是心理学最感兴趣的问题,它在教育方面也表现出了最实用的价值。老师的工作艺术所在就是把握儿童的注意力,让他们对教学活动充满期待。当孩子"敲门"的时候,老师要为孩子提供"开门"的内部力量。

——《发现孩子》,第102页

朱永新解读:

注意力不仅是心理学家最感兴趣的问题,也是蒙台梭利最关注的问题之一。她指出:"儿童的全神贯注对他们的未来有决定作用。"人们认识世界的过程,其实就是在外部刺激的作用下,人的大脑神经系统产生兴奋的过程。这两种力量在开启一扇关着的大门:外部的刺激在敲门,内部的力量在开门。如果内部的力量不把门打开,外部的世界永远不会进入儿童的心中。这个内部力量其实就是儿童的注意力。

亲爱的父母,把握儿童注意力的技巧,首先是要培养他们的兴趣,只有感兴趣的东西,才可能真正专注。其次是要尊重儿童的专注力,不要轻易打断正在专注工作的他们。

兴趣才能保持专注

>> 儿童内心产生持续而浓厚的兴趣，且保持长久专注是不可能靠人为实现的，这实在是一种自觉的、非人为引发的强大力量。

——《人的成长》，第 65 页

朱永新解读：

蒙台梭利在学校中观察到许多儿童自发进行的长期的智力活动，如一个孩子耐心地对一整本小书做文法分析，连续几天坚持不懈，一直到最后完成。她认为，这些活动显然不是来自外部的力量，而表明儿童有一种"形成能力"的机制，是一种"自觉的、非人为引发的强大力量"。蒙台梭利观察到，"这些孩子在文化与艺术的各个领域中都获得惊人的进步"。

尊重和引发这种"强大的力量"，是父母和教师应该尽到的责任。它蕴藏在孩子的身上，每个孩子身上都有。关键是我们要有足够的耐心去发现，去支持。这种力量，是孩子创造的基础，需要父母与教师特别的呵护。

不要打断孩子的发现游戏

>> 发现新事物能给孩子带来快乐。原本正在享受这种快乐的孩子，可能会因为自己的发现游戏被迫中断而哭闹起来。

——《发现孩子》，第 191 页

朱永新解读：

儿童是通过自己的不断努力与这个世界对话的。他的每一次活动都可能成为一次探险、一次发现。虽然儿童的许多活动对我们成人来说很幼稚甚至很可笑，儿童的许多发现对我们来说也是简单的常识，但对儿童来说，他们的努力，他们的探索，他们的发现，都是他们向世界寻到的答案，丝毫不亚于科学家们的重要发明。因此，任何轻视和干扰，对儿童来说都不应该。

蒙台梭利指出，当儿童享受发现带给他们的快乐被中断时，会有消极的情绪，可父母往往会觉得他们的苦恼毫无道理，这时一堵误解的"高墙"就开始竖立在成人和孩子之间了。

亲爱的父母，请一定要充分尊重孩子的探索和发现，与他们一起享受这种快乐，而不是藐视或者打断他们。

引发孩子的学习兴趣

>> 随着文化程度的提升,小学老师或中学老师的作用越来越重要,但他们的角色与其说是灌输知识,倒不如说是引发孩子的学习兴趣。因为孩子一旦对某个问题产生兴趣,便会长久地钻研或探讨,换句话说,即想要自己亲自获得这份经验。

——《人的成长》,第63页

朱永新解读:

儿童具有强大的学习能力。蒙台梭利观察到,在她的学校里,许多孩子热衷于"高水平的运算",许多孩子能够"同时学习很多语言"(一个八岁的孩子热衷于读梵文诗歌,并将印地语的佛经翻译成英文),还有一些孩子能够连续几个小时专注于一件工作。这些活动的背后,都有一个共同的背景——兴趣。

所以,孩子越大,兴趣的作用越不能够忽视。与其把知识灌输给孩子,不如激发孩子的兴趣,让他们自己去获取知识。这样不仅获得的知识会更加牢固,而且学习知识的过程也充满乐趣。

尤其在我们步入信息时代的当下,亲爱的父母,孩子掌握的知识再多也是有限的,而孩子对知识的无尽渴望与向往,才会激发孩子一直走在主动求知的道路上。这个时候,更需要我们注重保护孩子的学习兴趣。

孩子越专心就越能守纪律

>> 孩子越专心，就越能从工作中获得平静，越能发自内心地去守纪律。

——《发现孩子》，第 71 页

朱永新解读：

"专心"，是蒙台梭利特别重视的一种品质。她认为，儿童的专注力能够平和、自由地达到怎样的程度，也就代表着儿童自身发展到什么样的程度。也就是说，儿童的身心发展水平，在一定程度上是由儿童的专注力决定的。

专心的前提是安静。如果不能够让孩子真正地安静下来，如果让孩子生活在喧闹之中，如果动辄打扰孩子们正在进行的活动，如果用那些跳跃性很强的电视和电脑吸引孩子，孩子是不可能真正安静的，自然也无法专注。

所以，亲爱的父母，不要小看专注力的作用，它是儿童身心发展最重要的品质，要努力呵护。

儿童的专注力会产生韧性

>> 儿童有了一定的专注能力之后，他的韧性也会随之出现。韧性，或者说一种持久的耐力是人类的又一个性格特征。我们会发现，儿童总是会重复地进行同一项活动，而其实这种重复并没有什么外部目的，而是靠一种内在的力量来驱动。

——《有吸收力的心灵》，第 166 页

朱永新解读：

专注能力，或者说集中注意力的能力，对儿童来说，是最重要的能力之一。正是专注能力，推动着儿童去完成一项项创造性的工作，由此又让耐力得到发展。这种耐力，或许就是坚持、执着的雏形。

蒙台梭利指出，专注能力差的儿童往往不能够静下心来做一件事，容易被周围的事物分心，会被其他的事物所吸引，所以很难真正进入自己的世界，安排自己的活动。而能够不断重复同一件令他专注的事情，必然会起到强化巩固儿童的意志力或韧性的作用。

所以，父母需要注意：在孩子专心地从事他们感兴趣的各种事务时，尽量不要轻易地干扰他们，更不要莽撞地中断他们。在日常生活中，也不要贪图便捷，把孩子丢在电视、iPad 等绚丽多变的事物之中，让孩子入迷。这些不当的做法，都会影响儿童专注力与耐力的形成。

让儿童听些恬静、优雅的乐曲

>> 我们可以经常让儿童听些恬静、优雅的乐曲,在经受了这样的训练和陶冶之后,他们将会厌恶噪声和吵闹,而且也会约束自己不要随意发出这样不和谐的声音,并努力避免跟别人吵闹。

——《发现孩子》,第 93 页

朱永新解读:

音乐是人类最古老、最具普遍性和感染力的艺术形式之一,也是人类通过特定的声音结构,实现思想和感情的表现与交流的重要形式。研究表明,音乐教育能有效开发个性潜能,激发创造力,提升精神层次与生活质量。

事实上,在家庭教育和学校教育中,我们至今仍然没有找到合适的音乐教育路径,也没有真正发现音乐可能给孩子成长带来怎样的作用。

蒙台梭利意识到了音乐是一种和悦的、优雅的声音,可以柔软人的心灵,可以陶冶人的性情,对我们的父母应该是有启发的。在家里,不妨从欣赏那些优美的音乐开始,寻找孩子们最喜爱的作品,让孩子与那些伟大的音乐对话。

让儿童学会专注

>> 当儿童开始专注于某件事情之后,他们所有的缺陷都会随之消失。对待这些孩子,我们的说教是没有用处的。当他们专注于某件事情时,他们的心里就好像突然长出了某些东西,被外界活动深深地吸引住了。这些活动抓住了儿童的注意力,他们会不断地重复做一件事情。

——《有吸收力的心灵》,第 153 页

朱永新解读:

蒙台梭利建议,应该让儿童生活在一个丰富的、有趣的环境之中,父母不要为孩子提供不必要的帮助,尤其是在孩子开始做某些事情的时候,不要轻易打断他们。因为这样做,不利于孩子专注品质的形成。

专注是儿童最重要的心理品质之一。当儿童全神贯注地观察、研究事物时,他就是一个伟大的"科学家""探索者"和"发现者"。一旦养成了专注的品质,孩子就会迸发出无限的创造力,其他不良的东西就会随之烟消云散。所以,让孩子宁静地阅读、思考、观察,是父母应该开展的最重要的家庭教育。而电视、电脑、iPad 等产品,不利于形成专注的品质。同时,按照蒙台梭利的指导,父母还应该有目的地向孩子提供他们需要的各种用具,来满足孩子们的需要,让他们的注意力有所指向,帮助孩子形成专注的品质。

埋首工作的儿童 拥有秘密世界

>> 当儿童埋首于自己的工作时,一定是和周遭的一切人与事完全隔开来的。这种状态类似于"与世隔绝",而身处其中的人将会发现他拥有一个如此神奇、丰富又完整的秘密世界。

——《家庭中的儿童》,第65页

朱永新解读:

"与世隔绝"的状态,通过专注形成。专注,是许多天才哲学家、教育家共同关心的人的重要品质,蒙台梭利也深刻地意识到这个问题。她敏锐地观察到,儿童身上蕴藏着长时间关注和观察问题的兴趣与能力,这是一种普遍的人类特质,但是只有少数人在长大以后仍然能够保持。因为,"如果有人干扰,这种状态就会被破坏"。这种专注的能力对人来说具有特别的意义,是科学发现的重要前提。她指出:"促进人类进步的各项伟大发明的出现,除了科学家丰富的知识和文化内涵以外,更有赖于他们投入在工作上的那种几乎与世隔绝的专注力。"

亲爱的父母,让孩子聆听故事、阅读故事,是培养专注的有效办法。让孩子们学会沉静,学会安宁,学会专注吧!

集中儿童的注意力

>> 所有心理学家都同意,注意力的不稳定性是三四岁幼儿的特征;他们被自己所看到的每件东西所吸引,他们的注意力不断地从一个物体转移到另一个物体,以致难以固定在任何物体上。一般来说,集中儿童的注意力是困难的,而这正是教育的障碍。

——《蒙台梭利幼儿教育科学方法》,第 709 页

朱永新解读:

"注意力"也是蒙台梭利教育学的一个关键词。她认为,注意力是打开儿童精神世界大门的一把钥匙。她曾经说过:"心理生命的构成始于注意力这种独特的心理现象。"那么,如何培养儿童的兴趣呢?蒙台梭利反对那些坚持认为"儿童应该对他们不感兴趣的东西给予注意"的观点,而主张尊重儿童自己的注意,并且建立未知领域与已知东西之间的联系,实现兴趣与注意的迁移。正如鸟儿飞翔、夜莺放歌、蝴蝶展翅等奇妙的现象是在秘密的巢里或者孤独的茧中准备的一样,"儿童的精神也同样应找到一个温暖的巢,在那里,他的营养能够得到保证"。

亲爱的父母,注意力是最重要的心理品质之一,让孩子学会专心致志,才能为他的精神成长打下最坚实的基础。

让我们的孩子能够自由地专心

>> 满足人类的精神需求便是对道德做出的一项巨大贡献。实际上,当我们的孩子能够自由地专心于选定的刺激物,在他们完全成熟能完成抽象的工作以及集中精力、潜心思考时,秩序和平静已在他们身上得到发展。在这之后,典雅的举止,对美的欣赏力,对音乐的敏感,以及他们之间友好的关系便像泉水一样涌现!

——《蒙台梭利幼儿教育科学方法》,第829页

朱永新解读:

与儿童的智力发展一样,"自由"也是儿童道德发展的重要前提。蒙台梭利认为,儿童的许多道德行为,如"勤奋、持之以恒以及忍耐"等美德,都是在习惯性的平静气氛中显露出来的。而要达到这样的气氛,关键是能够"解放",给孩子真正的自由。而一旦孩子获得了这样真正的"自由",典雅的举止,对美的欣赏力,对音乐的敏感,以及他们之间友好的关系就会像泉水一样涌现。

亲爱的父母,让孩子集中精力、潜心思考,让孩子自由想象、自主探索,是现代教育的重要原则。让我们把自由还给孩子吧!

听力具有特殊的重要性

>> 听力之所以具有特殊的重要性,因为它与讲话的感觉器官相连。因此,训练孩子注意去听周围环境产生的各种声音及喧闹并辨别和区分它们,就是为孩子更清楚地聆听发音语言而做准备。

——《蒙台梭利儿童教育手册》,第99页

朱永新解读:

听力在形成和发展儿童的语言方面具有重要的作用。听障儿童往往无法开口说话,无法正常表达自己的思想。儿童语言的丰富性,与他们早期语言环境的丰富性也是密切相关的。一个生活在双语地区的儿童,或者一个生活在多种语言的家庭中的儿童,他们的语言往往比其他儿童更加丰富,学习语言的能力也会更加强大。

所以,作为父母和老师,应该尽可能多与孩子交流,应该引导孩子区别不同的声音,应该让自己的讲话更加标准、清晰,这对于孩子语言的发展具有重要作用。

不能让儿童胡乱发泄精力

>> 我们所谓的不干预儿童的学习、尊重儿童的活动,必须是在儿童本质的发展臻于成熟时才得以施行。也就是说,儿童必须已经具备充分的自我专注能力,当他对某件事显现出兴趣时(单有好奇心是不够的),能够自己沉浸其中。如果儿童胡乱发泄他的精力而老师却不闻不问,那么这样的尊重就失之偏颇了。

——《家庭中的儿童》,第133—134页

朱永新解读:

所谓的不干预儿童的学习和尊重儿童的活动,并不是说对儿童的学习与活动放任自流,那是为自己的不负责任寻找托词。蒙台梭利指出,她对儿童智能活动的尊重程度,就像尊重艺术家的灵感巧思一样,甚至有过之而无不及。但是如果来到一位艺术家的工作室,却发现他在抽烟、打牌,她就会毫不犹豫地打断他,甚至邀请对方一起出门走走。

因此,尊重儿童"绝对不是连他们的缺失或肤浅的表面现象也一并包容",不干预,同时意味着鼓励儿童从事对其身心健康有益的行为,打消他们没有意义的想法。而做这些工作的时候,最难做到也是最有挑战、最有教育艺术的诀窍就是——"我们一定要帮助儿童摆脱自己的缺点,但又不要让他觉察到自己的不足。"

关注儿童大脑的精确性

>> 儿童的大脑一开始就表现出了精确性，这一方面体现在儿童对行为精确性的要求上，另一方面也表现在儿童早期对秩序、规则的要求也很高。可以发现，儿童对事物是否有序摆放、位置是否适当非常敏感。他们是在活动中了解周围的环境的，并会将那些有一定规律的东西留在他们的记忆里。否则，儿童就不能获得专注的心理能力。

——《有吸收力的心灵》，第143页

朱永新解读：

儿童的眼睛像一台摄像机，把他看到的世界真实地记录下来。当他来到这个真实的世界，他先把"摄像机"的内容重现出来。如果他的真实世界与他原来看到的世界反差太大，他会束手无策。这是儿童追求准确性与稳定性的重要原因。正如蒙台梭利说的那样，儿童对于准确性的追求会非常主动，而且突出地表现在许多方面。在他们出生以后有一个特别的心理阶段，即努力向周围的社会群体学习的过程，在这个过程中，儿童获取了"人们在日常生活中反复进行的那些基本而准确，并具有集中表现力的内容"。

亲爱的父母，了解了这些知识，我们就要理解和宽容孩子许多"怪异"的行为，比如对于孩子坚持按照自己的方式整理玩具，希望重复许多你觉得不可思议的事情，我们应该抱以更大的耐心。

让儿童得到一种理性的快乐

>> 当儿童对自己所做的一切感到满足及至于能够保护和控制周围的环境时,他的意识就得到了升华。在发展自己个性与意识的过程当中,儿童还培养了自己坚持履行任务的意志和品质,而在兢兢业业地完成任务的同时,他们会得到一种理性的快乐。

——《发现孩子》,第 97 页

朱永新解读:

儿童应该在最适合他们的环境中成长。这是蒙台梭利教育思想的核心之一。她一直主张"为儿童提供可以自由活动的场所",因为这样的场所有利于儿童的自我训练,有助于寻求自我的发展,"它是让一个人成其为人的重要条件,也是一个人形成独特而又复杂个性的重要因素"。所以,她希望为儿童准备的各种设施和用具应该与他们的身体高度和力量大小相适应,如家具要轻便,易于搬动;脸盆的大小要正好适合儿童盛水和倒水;扫帚要用圆柄的,要轻巧等。她也曾经批评许多学校的课桌沉重结实得连搬运工人也难以搬动,虽然孩子们不会弄坏了,但是也让孩子们无法觉察自身的缺点。

所以,亲爱的父母,不要害怕孩子打碎物品,不要害怕孩子做错事情,其实孩子们正是在这样的过程中成长的,正是在这样的过程中学会承担责任的。在他们兢兢业业完成任务的过程中,也得到了"理性的快乐"。

意志力影响儿童才能发挥

>> 在影响儿童才能发挥的众多因素中,真正持续起作用的就是意志。生命的意志有多强,行动就有多大的力量。我们的一切行为都是冲动和抑制两种力量相互制约的结果。

——《发现孩子》,第 109 页

朱永新解读:

意志力是与注意力密切相关的。注意分无意注意和有意注意,其中有意注意是需要意志力的参与的。意志力与我们的行为也密切相关,蒙台梭利认为,"意志的所有外在表现都体现在行动之中",它不仅可以抑制简单的冲动行为,还会对行为进行理智的引导。也就是说,意志力既可以发动一个行为,也可以终止一个行为。意志坚强的突出表现,就是既能够"有所不为"(抑制),又能够"为所不欲为"(发动)。

亲爱的父母,培养孩子的意志力是家庭教育的一项重要任务。如何理性地满足孩子的需要,如何细致地培养孩子的坚持精神,如何让孩子抵制各种诱惑,都是需要用心去做的。

自我学习是人最基本的权利

>> 自我学习是人的一种最基本的权利。作为一个人，只有实现这一点，我们才不会受到压制和奴役，才能在所处的环境中自由地选择自身发展的方式。

——《发现孩子》，第 129 页

朱永新解读：

自我学习不仅是人的一种最基本的权利，也是人成长的最重要的路径。无论是学校教育还是家庭教育，不是把现成的知识教给孩子，而是让他们学会像科学家发现知识一样去寻求知识。不是告诉孩子应该具有这样的价值、情怀，而是让他们自己通过阅读、游戏、活动去体验，去感悟。正如蒙台梭利说的那样，人只有依靠其"内在力量"才能够获得真正的自由，简单地依靠外部的"社会约束力"，是永远无法实现这一目标的。

亲爱的父母，让孩子自己教育自己，让孩子学会自主学习、自主探究，我们乐见其成，做一个欣赏者、协助者，而不要做"强迫者""压制者"。

孩子需要的绝不仅仅是食物

>> 孩子需要的绝不仅仅是食物而已。在不受成人干扰的情况下,孩子独立完成一件事情以后表现出来的那种骄傲高兴的情绪,就是在向我们宣告,他们有发挥丰富的内在潜能的需要。我们应该引导孩子,为孩子创造机会开发潜能,而不应阻碍他们的活动。

——《发现孩子》,第 188 页

朱永新解读:

许多父母用来引诱孩子、奖惩孩子的唯一工具就是食物。如孩子学习好考试成绩优秀,就奖励他们去吃肯德基麦当劳,姑且不论这些是否为垃圾食品,如果仅仅把食物当作奖惩孩子的唯一手段,无疑不能够满足孩子的各种需要。其实,孩子心灵的渴求更应该被关注。正如蒙台梭利说的那样,"从孩子出生的第一天起,我们就应该尊重他们的心理冲动,并寻求帮助他们的方法"。她认为仅仅从身体上照顾孩子是不够的,必须为他们的心理成长提供帮助。

亲爱的父母,如果我们不断地用食物刺激和奖惩孩子,孩子就会变成一个只关注外在的、物质的心灵贫乏的人。只有我们不断地关注孩子的精神需要,他们的心灵世界才会不断充盈丰富。

让儿童做完自己的事情

>> 我们在生命的整个过程中都在为将来做准备。我们可以发现,那些获得巨大成功的人在生命的这一阶段很少受到打扰。持之以恒的做事态度也可以被视为一种精神上的准备。我们应该让儿童做完自己的事情。

——《有吸收力的心灵》,第 122 页

朱永新解读:

蒙台梭利认为,儿童经常会努力地完成一项活动,尽管这些活动在成人眼里可能有些可笑,尽管这些事情让儿童完成有些力不从心,但不会影响他们要完成这些事情的决心,因为他们这样做是"源于内心的一种需求"。所以,不能够轻易地打断儿童的行为,否则他们的性格就会受到影响,做事就会失去目的性和积极性。

亲爱的父母,让儿童为自己要做的事做好准备,让儿童专心地完成一件事情是非常重要的。如果我们急于完成这件事而主动出手相助,甚至制止孩子完成这件事,都会产生不良影响。因为,有时候并不是这件事情本身有多么重要,而是在独立完成这件事情的过程中,儿童学会了专心致志,学会了坚持不懈,这是为自己的未来在练习,在准备。

儿童乐于集中注意力

>> 对于儿童来说，集中自己的注意力是一件特别令他们高兴的事。他俨然一位隐士，不再关注身边的其他事物。在这个过程中，儿童的个性渐渐形成了。当他走出自己所关注的事物，世界在他们眼里将是充满新鲜感的。他们对人和事物也充满了爱，对每个人都特别友好，而且向往美好的事物。这个心理过程很简单，就是使自己有能力同这个世界隔离开，从而与这个世界更好地融合在一起。

——《有吸收力的心灵》，第211页

朱永新解读：

蒙台梭利对儿童集中注意力的问题非常关注。他认为，孩子把注意力集中在某个事物上时，他就是安全的，放松的，有成效的。此时世间一切停滞，他就是自己世界里的国王。他眼中的一切也会变得美好而自然，对人与事充满了爱的情感，心中会自然奔涌出对生活的爱，并且把这种爱传递给他身边的人。这对他形成"坚毅而平静的性格"具有重要意义。

所以，老师和父母应该成为儿童集中注意能力养成的重要力量。在儿童不能够集中注意力的时候，要用美好的事物去吸引儿童，而不是粗暴地压制。在儿童能够集中注意力的时候，"一定要懂得控制自己，不要打扰儿童的工作，而要让儿童的心理获得自由的发展"。要学会观察儿童的注意力是否集中，了解儿童怎样集中注意力和心理发展的情况。

让孩子学会"沉思"

>> 要想培养这种专注精神,一个人还应该学会"沉思"。我们都有这样的体验,大量地、连续不停地读书,可能反倒会削弱我们的思维能力。

——《发现孩子》,第147页

朱永新解读:

与孩子的专心致志类似的一个重要心理品质是"沉思"。古人说:学而不思则罔,思而不学则殆。如果只读书学习,而没有思考的时间和习惯,学习的成效就会大打折扣。正如蒙台梭利说的那样,"沉思会让你力量更强、心灵更健康、思维更活跃"。她还举了背诵但丁的诗歌的例子。认为如果仅仅是背诵但丁的诗,至多是"装饰"了人的大脑,我们至多也只是对这些诗留下一些印象,而只有沉思,才能够产生"改造人和启发人"的作用。

所以,正如我们看风景一样,不停地行走,风景往往难以驻在心间,只有停下来慢慢欣赏,才能够得其奥妙。沉思,就是让我们停下来欣赏精神世界的风景。

创造，其实是一种组合

>> 人类不可能凭空地把艺术品创造出来。根据我们的观点，所谓的创造，其实是一种组合，一种在大脑中进行的、基于各种原材料的构造。

——《发现孩子》，第158页

朱永新解读：

人类不仅能够认识世界，而且能够创造世界、改造世界。但是，如果没有认识世界，就不可能创造世界、改造世界。蒙台梭利非常欣赏一句古老的"公理"——我们所有的才智无不先存在于感官之中。也就是说，对于那些没有呈现在我们感官面前的东西，我们是无法"想象"出来的。因为我们的意识总是限制在我们的经验范围之内。她举例说，即使是想象力非凡的米开朗基罗，也只能够把上帝画成一位威严的胡须老人。

所以，亲爱的父母，请记住：让孩子学会观察生活，给孩子丰富的经验，对他们日后的创造是大有裨益的。

富于想象力的创造离不开现实

>> 富于想象力的创造同现实联系得越紧密，它同外部世界就联系得越密切，从而创造的价值也就会越高。

——《发现孩子》，第 159 页

朱永新解读：

蒙台梭利认为，任何真正艺术家的"塑造"，总不是依葫芦画瓢的，而总是一定程度的"创造"。但是最伟大的创造，也总是离不开现实的。而且，"越是接近真实，艺术就会越完美"。她仍然举米开朗基罗的故事为例，据说米开朗基罗有一段时间整夜遥望星空，朋友问他看到了什么，他回答说："我看见了一个圆顶。"结果，正是观察天空得到的奇妙图案，让他构思了罗马著名的圣彼得圆顶教堂。

亲爱的父母，不要小看了观察能力，在你的孩子全神贯注地观察时，不要干扰，不要批评，废寝忘食、全神贯注地观察，正是科学家艺术家最重要的品质呢。

第十章

阅读与书写是开启人类智慧宝库的钥匙

导语

　　蒙台梭利认为，阅读与书写是开启人类知识宝库的钥匙。人类那些最伟大的知识，最优秀的智慧，无疑就保存在那些最伟大的著作之中。阅读能够让人们与先贤对话，从而拥有这些知识与智慧。写作能够让人们把这些知识汇集、整理并累积在书中，让知识与智慧流传。那么，请抓住儿童阅读与书写的敏感期吧，助力孩子拥有开启人类智慧宝库的钥匙。

吸收性心智是人类的神奇天赋

>> 吸收性心智——人类的神奇天赋！

儿童无须刻意努力，只要"生活"，就能从环境中吸收语言等复杂的文化。

——《人的成长》，第95页

朱永新解读：

蒙台梭利用照相机成像的原理，比喻儿童所拥有的吸收性心智。她分析说，儿童所看见听见的东西，犹如照相机捕捉到的图像那样，"留存在无意识的暗房里，并由神秘的敏感期加以固定；没有任何外部显示，只有在这神奇的过程完成之后，这种创造性的成就才会暴露在意识的阳光下，被固定的影像连同所有细节将永远不会消失"。

这里说的"创造性"与"无意识"，就是吸收性心智两个最显著的特点。蒙台梭利认为，这正是儿童的神奇与伟大之处，他们几乎不需要刻意地学习，"不用上课就能吸收全部科学知识，不用一再练习就能获得许多技能"。

所以，真正的学习不会因为强迫而发生。把美好呈现给孩子，让他们产生兴趣，学习就会自然发生。

阅读与书写是开启知识宝库的钥匙

>> 阅读与书写是开启人类知识宝库的钥匙,因为这些知识经由写作艺术而汇集、整理并累积在书籍中。……书写有两方面含义:写作本身既是一种技巧、艺术,又能蕴藏知识。

——《人的成长》,第 119—120 页

朱永新解读:

　　蒙台梭利对于阅读与书写的作用给予了特别的重视。阅读的价值我们讲得比较多,也都知道它对于开启人类知识宝库的价值和意义。因为,人类那些最伟大的知识,最优秀的智慧,无疑就保存在那些最伟大的著作之中。只有与它们对话,才能够真正地拥有它们。

　　书写的意义,应该说是蒙台梭利独到的发现。她在自己的学校中发现,4 岁的孩子就可以开始学习写字,而且学起来似乎比小学生更加容易,她也正是在 4 岁幼儿身上看见了"书写爆发"的现象,"才燃起将一生奉献给教育的愿望"的。对于儿童来说,书写不仅是一种重要的技能,同时也是学习与巩固知识的重要路径。当然,此时的书写一定要注意,时间长短必须吻合孩子的生理发展,过高的要求就是拔苗助长,反而会扼杀孩子书写和涂鸦的兴趣和乐趣。

通过阅读学习阅读

>> 儿童必须经由阅读学习阅读。

——《人的成长》，第 137 页

朱永新解读：

对儿童来说，阅读能力需要尽早开始培养。所以早在儿童不认识字时，蒙台梭利的学校里，就从一系列教具开始做阅读的准备。他们从写有某个儿童熟知的事物名称的小卡片开始，让孩子们辨认单字的含义，并将小卡片放在相应事物（或图片）的旁边。然后，给孩子们一些指示性动作的短句，让孩子读过这些短句以后立即照着去做。名称卡片是教儿童认识句子构成的一部分，即名词；指示动作是教儿童组成句子的另一部分，即动词。而且，这样的阅读训练可以作为儿童学习语法的前奏。

蒙台梭利发现，儿童阅读能力的获得，"与其说是靠教学，还不如说是靠孩子自己的心智活动"来实现的。所以，儿童是先学会了阅读，再开始阅读书本的。阅读，是在阅读过程中学会的。

儿童如何学会语言

>> 刚刚出生的婴儿,听到的声音对于他们来说没有任何意义,这些声音是怎么产生了相应的思想和内涵的呢?其实,儿童不仅学会了单词及其含义,实际上也学会了句子和句子的结构。

——《有吸收力的心灵》,第 19 页

朱永新解读:

儿童学习语言的过程,目前最权威的理论是乔姆斯基的"结构-生成"说。他认为,儿童天生有一种语言习得机制,这种机制是人脑由遗传得来的一种物种属性。人脑初始状态应该包括一切语言共同具有的特点,可称为普遍语法(universal grammar)。正是这种机制和普遍语法的存在,使婴儿在特定语言的"经验的触发"下,迅速地习得了语言。

蒙台梭利说:"成人的大脑不能完成儿童大脑所完成的东西。从无到有地对一种语言进行学习,这需要一种特殊的心理能力。儿童具备这样的心理能力,他们拥有的是不同于成人的教育。"儿童学习语言的心理能力,只是儿童学习能力的沧海一粟。在那个小小的头脑里,还有许多我们仍然没有解开的谜,没有发现的机制。但是很显然,我们应该像帮助儿童学习语言一样,为儿童其他能力的发展提供最好的环境。

读与写是学习的基础

>> 读与写是学习的基础，缺少它们就不可能学习其他科目。如同人不会说话，也很难学习其他东西一样。

——《蒙台梭利儿童教育手册》，第12页

朱永新解读：

阅读与写字，是儿童智力活动的重要基础，自然也是他们学习的重要基石。蒙台梭利的一个很重要的发现，也是她对儿童教育的一个重要贡献，就是她打破了要等待儿童上学以后才开始学习写字的惯例。在她的学校，4岁左右的孩子就开始写字母了。结果4岁左右的儿童就能够读与写，被誉为教育上的奇迹。而这些，基本上是儿童自己学会的。

所以，在不让阅读（认字）和写字（涂鸦）成为孩子负担的情况下，让他们早日接触这个过程，也许是十分重要的。父母们不妨一试。

重视书写语言和数字

>> 如果不通过书写语言和数字对所有这些帮助孩子理清了意识的初期收获加以巩固的话,它们就有可能被荒废。一旦它们借助语言和数字这两个工具确定和巩固下来,这些经验就能为未来教育展开一个无限广阔的前景。

——《蒙台梭利儿童教育手册》,第129页

朱永新解读:

蒙台梭利非常重视书写与算术对于儿童智力发展的特殊意义。她认为,正是在书写和算术中,孩子们实现了"一个人第一次致力于与世界进行智力对话的自然结果"。所以,在蒙台梭利的学校中,发展了大量用于学习书写与算术的教具,如砂纸数字卡片、彩色计数木棒、计数盒串珠工具等,帮助学生学习书写和算术。

亲爱的父母,书写和算术是孩子们开始认识世界的智力成果,又是他们进一步认识世界的出发点。掌握了这两个基本工具,就能为未来教育展开一个无限广阔的前景。

每个人都有自己的想象力

>> 我们每个人都有自己的想象力,也具有以自己的头脑去创造美的本能……这个心灵世界创造出来的多样化世界会像彩虹色的贝壳里的软肉一样包裹着人类,从而保护人们的精神需求。

——《发现孩子》,第 155 页

朱永新解读:

想象创造奇迹。正如许多思想家说的那样,是想象推动着人类的发现发明与创造。蒙台梭利也认为,人类的智慧在不断地创造出梦想,也不断地把梦想变成现实。"当我们的想象与现实相结合的时候,我们的思想就开始进行工作并改变着外部的世界,在这个过程中,一种伟大的力量——创造力驱动着人的思想,使其有如神助,去创造世界。"

亲爱的父母,要珍惜孩子的想象力,不要把孩子的异想天开视为无稽之谈。也许,今天的一个幻想,就是明天的一个发现。

婴儿是在人的环境中成长的

>> 事实上,婴儿是在环境中成长的。儿童要想学会一种语言,就必须与说这种语言的人生活在一起,否则就无法学会。同样,儿童要想获得某种精神力量,就必须与经常使用这种力量的人在一起。我们想获得某种方法、习惯和传统,只能从具有这种方法、习惯和传统的人那里得来。

——《有吸收力的心灵》,第78页

朱永新解读:

蒙台梭利认为,儿童早期与人的接触具有非常重要的意义。有一些父母往往从身体和卫生的角度考虑,让孩子尽可能少地与外界接触,他们把婴儿隔离起来,或者单独放到一个特殊的房间里,让他们尽量多睡觉。这样做,可能是避免了一些生病的可能,但对孩子的心理成长无疑是不利的。

亲爱的父母,无论是学习语言,还是习得社会性,都离不开与人的交往。儿童是在与人交往的环境中学习与成长的,没有人的环境,是有缺陷的环境。人的环境的丰富性,决定了儿童社会化的丰富性。

儿童有一颗可以吸收知识的心灵

>> 儿童有一颗可以吸收知识的心灵,具有独自学习的能力。举一个简单的例子就可以说明这一点。儿童长大以后能够说他父母所说的语言,可是对于一个成人来说,学好一门语言是极不容易的。没有人一字一句地教授儿童,可他们却可以把名词、动词和形容词运用得极为出色。

——《有吸收力的心灵》,第3页

朱永新解读:

蒙台梭利指出,每个儿童自身好像都有一个勤勤恳恳、技术娴熟的老师。人类使用得最流利的语言正是他们在婴儿阶段学到的。"如果儿童在长大后去学习另一种语言,即使让世界上最高明的学者来教他们,也不可能让他们学得像说自己母语一样自如。"所以,她猜想,儿童必然有一颗吸收知识的心灵,有一种我们现在还没有认识的精神力量,能够帮助儿童去成长、发展,而且不仅仅表现在语言的学习上面。

我曾经说过,对我们人类来说,童年还是一个真正的"黑匣子"。而且,可能每个儿童的"黑匣子"还是各不相同的。正因为如此,每位父母和老师就需要用心地呵护孩子,研究孩子,帮助孩子,为他吸收知识创造最好的环境和条件,并且尊重儿童以自己的方式吸收。

动作是儿童学习的另一项重要内容

>> 动作是儿童学习的另一项重要内容。婴儿在出生之后,要先在襁褓中度过几个月的时间。但是很快,他们就能走动,而且能学着做一些事情了。他们整天快乐地玩耍,无忧无虑,同时慢慢地学会了各种动作。这时,他们的语言已经进一步发展完善。他们正以惊人的速度学习着很多其他的东西。

——《有吸收力的心灵》,第 21 页

朱永新解读:

　　儿童学习动作与学习语言不同的地方在于,学习动作更多是显性的,我们能够观察到儿童从抓握、翻身到坐立、行走的过程。蒙台梭利说,儿童学习动作并不随意,而是有一定之规,每一种动作的学习都有特定的时间。动作对儿童的发展具有重要的意义,因为"手是智慧的工具,儿童在能够使用手的时候就开始了学习。这些经验最终对儿童和儿童性格的形成具有决定作用"。

　　亲爱的父母,在关注儿童学习语言的同时,请不要忽视他们动作的发展,不要忽视手的运用。在这个过程中,我们千万不要越俎代庖,而应该"合理地对待儿童的智慧,理解他们的真正需要,从而延长他们敞开具有吸收力心灵的学习阶段"。正如我们已经发现的儿童在嬉戏玩耍中大量学习一样,儿童对动作的学习,也会促进他们对语言及其他方面的能力的学习。

不要让刚学会说话的孩子保持沉默

>> 学会语言之后，儿童就开始不停地说话，好像没有人能够阻止他们。世界上最困难的一件事就是让刚学会说话的孩子保持沉默。如果儿童在学走路和学说话时受到阻碍，他们的发展就可能受到束缚而无法正常发展。儿童进行走、跳、跑等运动，不但可以使运动能力得到发展，还会反过来促使大腿等机体的发展。

——《有吸收力的心灵》，第 67 页

朱永新解读：

儿童通过"语言星云"不断酝酿说话的能力，筹备说话的素材。他不断观察大人说话的过程、嘴型、声调、节奏、内容，某一天他突然发出了自己的声音，渐渐地开始说话。一旦开始说话，即如潮水般涌来，滔滔不绝，无人能制止。所以蒙台梭利说，世界上最困难的事情就是让刚刚学会说话的孩子闭上他们的嘴巴。

亲爱的父母，我们都会为孩子的第一句话而欢欣鼓舞，也可能会为孩子的喋喋不休而烦恼。这时千万不要失去耐心。如果暴躁地勒令孩子闭嘴，意味着他语言学习的终止，之后他就可能产生语言障碍。不仅语言如此，身体的其他能力也是如此。用进废退，要让孩子在各种能力的使用中，获得能力的提升。

2—7岁是学习语言的关键期

>> 有声语言的发展一般开始于 2 到 7 岁这个年龄阶段。人在 2 到 7 岁时感知力开始形成，在这个年龄段，孩子们的注意力自发地转向外界事物，记忆力特别强。这个时期的人运动能力也开始形成，所有思维运动通道的通融性变得越来越大，且肌肉机制也开始形成。

——《蒙台梭利的儿童教育方法》，第 158 页

朱永新解读：

语言是人类交往最重要的工具，口语是人的语言能够形成的重要基础。作为有声语言的口语能力，是在儿童早期发展中形成的。"在此期间，借助听觉通路和语言运动通路之间的神秘纽带，听觉就像从遗传的沉睡中苏醒了一样，在接受刺激后能直接引起有声语言这种本能的复杂动作。"而且，蒙台梭利敏锐地发现："只有在这个年龄阶段，才可能掌握一种语言所有的音调特征，而在年龄较大的时候却是无法掌握的。"

许多经验已经证明，儿童早期学习语言的能力是惊人的。但过了这个关键的时期，就会遇到很大的困难。所以，口语能力的形成，应该把握2—7岁这个关键的时期。

唱歌是锻炼准确发音的好方法

>> 当老师跟孩子讲话时必须注意发音清晰,并且发音要到位,即使在她很小声地说话,好像是在讲什么秘密时也要注意这点。让孩子们唱歌,也是一个锻炼准确发音的好方法。

——《蒙台梭利儿童教育手册》,第 99 页

朱永新解读:

儿童需要儿歌,需要童谣。这不仅是发展儿童艺术能力的需要,也是儿童学习语言的重要途径。对于儿童来说,唱的的确比说的好听。因为在唱歌时,人的心情会更加愉悦,语速会更加缓慢,发音会更加清晰。同时,因为歌曲的韵律和节奏感很强,朗朗上口,容易记诵,对于儿童学习语言非常有好处。

按照蒙台梭利的教导,父母和老师对孩子说话时,应该尽可能"发音要慢些,把每个字的音节都分开来"。同时,过去我们有许多经典的传统歌谣传唱,如"摇啊摇,摇到外婆桥"等,就是脍炙人口的童谣。我们不仅要传承,而且应该继续创造新的童谣,为童年提供新的精神养料。

孩子能同时学习几种语言

>> 母语,正是因为它形成于孩童时期,才成为一个人说得最好的语言。成人在学说一种新的语言时,一定带有外国人说话的那种缺陷。只有七岁以下的孩子们能够在同时学习几种语言的情况下掌握这些语言的所有语音特征和发音技巧。

——《蒙台梭利的儿童教育方法》,第 158 页

朱永新解读:

乔姆斯基曾经说过:"人类的生物禀赋本身含有一个确定的人们可能获得语言的基本语法结构的原则系统,而经验只是以一种特定的方式对这些原则起到完善或强化的作用。这样看来,所谓'语言学习'似乎和身体的器官生长的情形相似。"也就是说,人的大脑和语言器官先天就具有学习语言的内部结构,这就是所谓的"语言获得装置(LAD)"。这种装置可以让儿童学习任何语言。儿童最先接触的语言,就成为他们的母语。而母语的学习是有关键期的,这个关键期就是前面所说的 7 岁以前。特别需要提出的是,7 岁以前不仅是学习母语的关键期,也是学习其他语言的敏感时期,这个时期的儿童具有学习多种语言的能力。

亲爱的父母,虽然我们还没有真正揭示儿童学习语言的秘密,但是 7 岁以前,或者说十二三岁以前,儿童学习语言的能力是非常强的,在这个阶段,应该让他们从口语入手学习母语和外语,提供尽可能丰富的语言环境,为语言能力的形成打下坚实的基础。

语言的缺陷和不完善的原因

>> 语言的缺陷和不完善的一方面原因是由于器官，比如神经系统的畸形或病变造成的；另一方面则是由于后天语言形成时期环境带来的影响，这种缺陷往往表现为不规则发音，由孩子听到不正确的发音或听到不良的语言而导致的。

——《蒙台梭利的儿童教育方法》，第161页

朱永新解读：

儿童早期的语言环境非常重要。儿童的语言缺陷可能是器官的原因造成的，也可能而且更可能是早期的语言环境不佳造成的。如父母与周围的人语言不清晰，方言过重，语法混乱等，都会给儿童的语言发展造成负面影响。蒙台梭利认为，如果发现儿童语言的缺陷，就必须及早进行训练与治疗，为此，她还专门发明了一种叫作"语言体操学"的治疗方法——寂静疗法，让语言器官静止下来并适当休息，然后耐心地重复朗读单个的元音和辅音，同时辅助呼吸的练习。

亲爱的父母，无论是你们，还是保姆阿姨，都要尽可能在孩子面前讲标准语言，发标准口音，避免在儿童语言形成的关键时期出现语言缺陷。

让儿童从绘画到书写

>> 让孩子从绘画到学习书写是绘画最直接的应用。
——《蒙台梭利的儿童教育方法》，第 121 页

朱永新解读：

书画同源，这是中国书法艺术的一个重要特征。西方的绘画与书写有其自身的特点，但在书写与绘画的关系上，有许多共通的地方值得研究。

蒙台梭利吸收了伊塔德和塞甘的部分观点，分析了西文在书写过程中与绘画的关系。如老师只需将字母 D 解释为半圆，末端搭在一条垂线上，将字母 A 解释为两条斜线相交于一顶点，并被一条水平线横截等。所以，只要孩子会画图，他就会懂得写字。

蒙台梭利的这个研究对于我们中国儿童的书写应该是有启发意义的。

长期以来，我们把儿童绘画与中国文字书写视为毫无关系的两件事，其实两者之间应该有着非常密切的关系，在教育中如果运用得好，应该是彼此可以迁移的。在新教育实验中，儿童绘画从读写绘开始。我们完全可以根据蒙台梭利的论述进行有关的探索，把书写与绘画有机地结合起来。

字母的发明改变了人类本身

>> 字母的发明比其他发明对人类的进步更有影响，因为它改变了人类本身，为人类增添了本性之外的新能力，使人类拥有了两种语言：一种自然语言，一种超自然语言。经由后者，人类可以将思维传到遥远的国度，可以为下一代凝聚某些思想，能够超越时空的界限，实际地建立全人类的智慧宝库。

——《人的成长》，第 122—123 页

朱永新解读：

这里所说的自然语言，应该是口头语言、身体语言等。而所谓超自然语言，应该是指字母、文字符号组成的系统语言。在相当长的时期，人类只有口头语言，用文字记录口语形成的书面语历史很短。由字母和文字组成的系统的语言成为人和动物分离的重要工具，因为人类从此进入了有历史记录的文明社会。

超自然语言的出现突破了口语受到的时间和空间的限制，使人类可以记录与传承自己的创造、智慧等，建立自己精神财富的宝库。借助超自然语言，人类的教育也因此有更高的效率。

亲爱的父母，汉字作为我们祖先的伟大创造，不仅是我们的荣耀，更值得孩子们好好继承。

听话的工具是很活动字母

>> 活动字母是一种很听话的工具，儿童可以像玩拼图那样，随意移动组合字母以拼成单字，它导引孩子向一项美妙的征服迈进。还有什么比这征服更美妙？

——《人的成长》，第 127 页

朱永新解读：

蒙台梭利为孩子们提供的字母，是可以分离、组合的字形木块，她称之为"活动字母"。她认为，这些活动字母"不仅能够提供刺激，唤起儿童对以前无意识时期获得的口语的注意，使之进入更清晰的意识，并引导他们分析组成单字的语音，而且还能够使这些语音化成可见的形状，具体地呈现在眼前"。

其实，在让孩子们学习语言的时候，我们是否也可以更多利用这一类"活动字母"的玩具呢？无论是作为拼音的字母，还是作为文字的部首，甚至是整个文字，都可以用游戏的办法让孩子轻轻松松学语言，学文字。

书写为孩子打开新世界的门

>> 孩子在奠定了书写的基础后，便有如戴上了护身符，使他能进入知识的海洋，又像打开了一扇新世界的门。因此，在把写字当作一种新的自我表达形式、作为学习的第一阶段时，就应摒弃课本和生字本。因为这时"字母"就像一把从里面开启的钥匙。

——《人的成长》，第125页

朱永新解读：

蒙台梭利认为，3—6岁是儿童书写的敏感时期。"在此期间，幼儿的心智敏锐地吸收任何与文字有关的事物。可以说，这是写字活动可以开花结果的'生命季节'。"开花结果不仅取决于种子和土壤的预备，也取决于播种的季节。她从1907年开始教这个年龄阶段的孩子书写，让孩子把字母的字形直接与语音联系起来，结果她发现了在儿童身上出现的"不知疲倦、激动人心的创造性工作"：一个个完整的单字涌现在儿童心中，经过他们的小手，写满了黑板、地板和墙壁。尤其是4岁到4岁半的儿童，出现了所谓的"书写爆发"。

我们的通用文字语言与西方的语音直接对应字母不同，我们对于文字的书写，一般是从小学阶段开始。至今仍然没有人验证过蒙台梭利的书写爆发是否在中国的孩子身上同样可以出现。但是，注意儿童书写的关键时期，仍然是我们父母和老师可以关注和研究的问题。尤其希望参与新教育实验的幼儿园和父母，能够主动研究这一问题。

主题索引

爱的源泉　57, 236

创造力　16, 31, 52, 73, 94, 140, 148, 194, 271, 273, 276, 298, 304, 330, 331, 355

创造者　9, 20, 24, 102, 184, 200, 252, 282

发现儿童　21, 31, 37, 144, 171, 294, 363

发展阶段　4, 22, 43, 62, 82, 88, 319

工作本能　231

关键期　11, 12, 22, 68, 77, 316, 362

观察力　15, 117

唤醒孩子　65

混龄教育　14, 15, 25

活动空间　216

教具　5, 7, 8, 15, 16, 17, 18, 19, 23, 154, 166, 188, 221, 351, 354

解放儿童　48, 201, 227, 279, 304

精神活动　148, 217, 224

精神胚胎　18, 106, 108

了解儿童　11, 21, 37, 100, 119, 190, 218, 233, 247, 313, 343

敏感期　13, 14, 17, 21, 22, 24, 82, 110, 181, 189, 283, 316, 348, 349

生理胚胎　162

吸收性心智　349

心理保健　314

"心理"教室　156

有吸收力的心灵　7, 8, 9, 15, 23, 24, 92, 95

自然规律　31, 62, 129, 164, 176, 179, 199, 211, 287, 314

自我教育　20, 23, 24, 49, 188, 196

自主性　214

尊重儿童　25, 31, 36, 38, 49, 60, 62, 78, 129, 135, 161, 163, 175, 178, 180, 187, 194, 218, 244, 270, 287, 288, 324, 333, 336, 357

参考文献

著作

〔美〕贝克著,吴颖等译:《儿童发展》,江苏教育出版社 2002 年版。

李道佳:《蒙台梭利幼儿日常生活练习》,第二军医大学出版社 2004 年版。

娄立志编著:《儿童教育哲学》,华东师范大学出版社 2014 年版。

〔意〕玛丽亚·蒙台梭利著,单中惠等译:《蒙台梭利幼儿教育著作精选》,华东师范大学出版社 2009 年版。

〔意〕玛丽亚·蒙台梭利著,郭景皓、郑艳译:《家庭中的儿童》,中国发展出版社 2012 年版。

〔意〕玛丽亚·蒙台梭利著,郭景皓、郑艳译:《人的成长》,中国发展出版社 2012 年版。

〔意〕玛丽亚·蒙台梭利著,黄丽平译:《蒙台梭利的儿童教育方法》,哈尔滨出版社 2009 年版。

〔意〕玛丽亚·蒙台梭利著,李芷怡编译:《儿童的自发成长》,北京理工大学出版社 2019 年版。

〔意〕玛丽亚·蒙台梭利著,李芷怡编译:《蒙台梭利早期教育法》,北京理工大学出版社 2019 年版。

〔意〕玛丽亚·蒙台梭利著,林凯编译:《蒙台梭利家庭教育全书》,中国商业出版社 2013 年版。

〔意〕玛丽亚·蒙台梭利著,马荣根译:《童年的秘密》,人民教育出版社 2005 年版。

〔意〕玛丽亚·蒙台梭利著,蒙台梭利丛书编委会编译:《发现孩子》,中国妇女出版社 2012 年版。

〔意〕玛丽亚·蒙台梭利著,蒙台梭利丛书编委会编译:《有吸收力的心灵》,中国妇女出版社 2012 年版。

〔意〕玛丽亚·蒙台梭利著,任代文译:《蒙台梭利幼儿教育科学方法》,人民教育出版社 1993 年版。

〔意〕玛丽亚·蒙台梭利著,田时纲译:《蒙台梭利文集》(第五卷),人民出版社 2017 年版。

〔意〕玛丽亚·蒙台梭利著,肖咏捷译:《蒙台梭利儿童教育手册》,中国发展出版社 2011 年版。

〔意〕玛丽亚·蒙台梭利著,喻华慧译:《教育与和平》,中国发展出版社 2017 年版。

〔意〕玛丽亚·蒙台梭利著,喻华慧译:《了解你的孩子》,中国发展出版社 2015 年版。

〔意〕玛丽亚·蒙台梭利著,朱永新编:《蒙台梭利教育箴言》,中国人民大学出版社 2016 年版。

〔美〕莫里森著,王全志等译:《当今美国儿童早期教育》,北京大学出版社 2004 年版。

单中惠:《蒙台梭利幼儿教育经典名著导读》,山东教育出版社 2018 年版。

王俊恒、朱露露:《蒙氏教育在中国》,安徽师范大学出版社 2013 年版。

〔美〕威廉·H.克伯屈著,丁道勇译:《蒙台梭利教育考察报告》,北京师范大学出版社 2021 年版。

吴明海:《欧洲新教育运动的历史研究》,教育科学出版社 2008 年版。

吴式颖主编:《外国教育史教程》,人民教育出版社1999年版。

吴晓丹主编:《蒙台梭利教育思想与方法》,复旦大学出版社2019年版。

苑海燕主编:《蒙台梭利教育理论及方法》,清华大学出版社2019年版。

张红兵等编著:《蒙台梭利教育理论概述》,北京理工大学出版社2007年版。

朱永新编著:《儿童有一种未知的力量》,湖南教育出版社2017年版。

论文

陈萍:《蒙台梭利教育思想在中国的引进研究》,《忻州师范学院学报》,2011年第6期。

陈萍:《蒙台梭利教育思想在中国引进的第二次高峰》,《赤峰学院学报》(科学教育版),2011年第12期。

但柳松:《尊重与自由:蒙台梭利快乐教育的秘密》,《教育文化论坛》,2020年第3期。

韩锡玲:《罗素、杜威和蒙台梭利和平教育思想之比较》,《贵州师范大学学报》(社会科学版),2017年第2期。

侯莉敏:《反思蒙台梭利教育法在我国幼儿园的运用》,《早期教育》,2006年第4期。

黄巧玲、寇英:《蒙台梭利感官教育思想及其启示》,《教育观察》,2020年第40期。

霍力岩、齐晓恬:《当前我国借鉴蒙台梭利教育法的主要误区、关键问题与基本思路》,《幼儿教育》(教育科学版),2008年第2期。

霍力岩:《关于蒙台梭利教育模式走入中国的思考》,《学前教育》,

1997年第6期。

霍力岩:《试论蒙台梭利的儿童观》,《比较教育研究》,2000年第6期。

霍力岩:《中国应怎样借鉴"蒙台梭利"》,《学前教育研究》,2001年第1期。

李艾欣:《蒙台梭利幼儿科学教育特点及启示》,《课程教育研究》,2015年第30期。

李芳霞:《蒙台梭利儿童自由成长论在家庭教育中的应用》,《陇东学院学报》,2016年第6期。

李海雁:《蒙台梭利教育思想对学前儿童家庭教育的启示》,《教育教学论坛》,2014年第30期。

李娅、刘倩:《对混龄教育实践的反思与建议》,《才智》,2021年第33期。

刘晓东:《蒙台梭利崇拜与蒙台梭利的儿童崇拜》,《早期教育》,2003年第11期。

刘雨杭:《蒙台梭利教育思想对幼儿教师角色定位的启示》,《教育观察》,2019年第12期。

马金凤:《蒙台梭利纪律教育思想对幼儿园常规教育的启示》,《教育观察》,2018年第12期。

裴晓菲:《蒙台梭利自由教育思想对我国幼儿教师的启示》,《教育观察》,2020年第20期。

单中惠:《"儿童"是谁?蒙台梭利如是说——蒙台梭利对儿童身份问题回答之初探》,《湖南师范大学教育科学学报》,2019年第1期。

单中惠:《蒙台梭利三大幼教经典的核心要义、主要特色和世界影响》,《中国教育科学》(中英文),2019年第2期。

时松:《蒙台梭利教育思想与方法在近代中国》,《教育科学》,2015年第2期。

孙文杰:《儿童发展与游戏精神:蒙台梭利"儿童工作"思想的全面分析》,《陕西学前师范学院学报》,2018年第5期。

田景正、万鑫舳、邓艳华:《蒙台梭利教学法及其在中国的传播》,《课程·教材·教法》,2014年第6期。

田正平:《蒙台梭利教育思想在近代中国——纪念蒙台梭利"儿童之家"创办一百周年》,《河北师范大学学报》(教育科学版),2007年第4期。

王椿:《指南背景下幼儿园蒙氏混龄教育实施的有效策略》,《家长》,2021年第7期。

王建平、郭亚新:《蒙台梭利环境教育思想与儿童发展关系的理论建构》,《比较教育研究》,2016年第11期。

王雪娇等:《论蒙台梭利对和平教育的贡献》,《教师》,2013年第35期。

王亚娟:《儿童与成人关系的人性回归——基于蒙台梭利教育思想》,《中国教育学刊》,2015年第7期。

王越:《蒙台梭利早期教育法在家庭教育中的运用》,《教育教学论坛》,2018年第41期。

徐倩、熊丽娟:《蒙台梭利混龄教育模式下幼儿教师角色转型探究》,《教育观察》,2021年第12期。

徐学莹:《蒙台梭利教育实验与儿童教育述评》,《基础教育研究》,2001年第11期。

徐学莹:《蒙台梭利论幼儿意志的教育和培养》,《外国教育研究》,1997年第2期。

杨莉君:《试论蒙台梭利教育方案的现代化与中国化》,《学前教育研究》,2002年第5期。

袁梅、倪志勇:《蒙台梭利教育思想价值新探》,《比较教育研究》,2015年第2期。

赵生梅:《蒙台梭利教育环境与幼儿社会性》,《学苑教育》,2010年第15期。

赵彦芹:《促进幼儿专注力发展——蒙氏教育理念视阈下指导策略初探》,《吉林教育》,2013年第7期。

赵媛媛:《蒙台梭利教学法中国化的困境与对策》,《陇东学院学报》,2015年第6期。

后记

蒙台梭利是研究儿童和家庭教育绕不过去的一座山峰。

从 2012 年开始，我应新父母研究所邀请，担任"新教育晨诵"栏目主持人，选取不同教育家的家庭教育名言进行解读，每天早晨在网络上与千千万万父母共同阅读和分享。在确定的第一批教育家名单中，理所当然就有蒙台梭利。就这样，我带领着新父母，开启了与蒙台梭利持续数年的对话之旅。

首选蒙台梭利，除了因为她对于儿童研究的贡献外，还有一个重要原因——她是欧洲新教育运动的重要代表人物。她的著作中，不断出现"新教育"的概念，让人读起来十分亲切。

1870 年，蒙台梭利出生于意大利安科纳地区的一个军人家庭。作为独生女，父母对她虽然很宠爱，但却并不溺爱，蒙台梭利接受了良好的家庭教育。26 岁的蒙台梭利获得了罗马大学医学博士学位，成为意大利的第一位女医学博士。

毕业以后，作为精神病临床医生，她对身心有缺陷儿童的研究产生了浓厚的兴趣。1898 年的一次会议上，蒙台梭利明确提出了"儿童心理缺陷和精神病患者主要是教育问题，而不是医学问题，教育训练比医疗更为有效"，开始从医学走进教育。

1907 年，蒙台梭利在罗马的一个贫民窟创办了第一所"儿童之家"。她每天与这些孩子生活在一起，让他们学会了有礼貌、独立、自尊，并且在智力活动上取得了优异的成绩，这些孩子被称为

"神奇的儿童"。

1909年,根据三年的探索实践,蒙台梭利的《运用于"儿童之家"的幼儿教育的科学教育方法》一书正式出版。这本具有划时代意义的著作,产生了广泛的国际影响,奠定了她在幼儿教育研究领域的地位。许多国家纷纷以"儿童之家"为蓝本建立蒙台梭利学校。她一生有许多著作,如《童年的秘密》《发现孩子》《家庭中的儿童》《有吸收力的心灵》《新世界的教育》等。她本人于1949、1950和1951年连续三年获得诺贝尔和平奖的提名。

在教育史上,蒙台梭利是第一位真正走进儿童世界的教育家。此前,卢梭、裴斯泰洛齐、福禄贝尔等开创了自然教育的传统,提出尊重儿童的个性。福禄贝尔开创了世界第一所幼儿园,并且提出了"让我们与儿童一起生活"的重要主张。但是,蒙台梭利天才地发现了儿童具有完全不同于其生理胚胎的"心理胚胎"和身心发展的"敏感期",提出教育必须激发和促进儿童内在的生命力量,必须"让我们的儿童自己生活"。她发明的一系列训练儿童感觉系统的教具,至今仍然被许多幼儿园使用。她关于自由与纪律的理论,关于教师与父母角色的论述,也充满睿智与机敏。

蒙台梭利的教育早已超越了国家、种族、民族、宗教的差异,成为了联合国教科文组织收录的宝贵遗产和广泛向世界各国推广使用的教育和教学方法,被誉为推动世界教育发展和促进人才培养的瑰宝。

诚然,任何理论和观点都有无法涵盖宇宙万物博大精深的遗憾,蒙台梭利的教育思想也是如此。因为生命与时间的有限性,蒙台梭利一生更多地聚焦在教育实践和行动上,通过观察、应用及跟随，在环境中执行和沉淀教育理念与实践，缺少理论的基石。这也是现代许多幼儿教育专家的行走之路，沿着蒙台梭利的脚步，去寻求源于实践却高于实践的理论检验。

走进，才会理解；走进，才会尊敬。我在许多场合都说过，童年的秘密远远没有被发现。虽然蒙台梭利已经走进了儿童的世界，发现并解读了这个世界的部分瑰丽风景，但是，这也只是冰山一角。让我们沿着她的足迹，继续努力走进儿童的世界吧！

这本书的顺利出版，首先要感谢新阅读研究所的萤火虫团队。关于蒙台梭利教育思想和教育名言的解读，最初是通过每天的"新教育晨诵"与一线老师和父母们见面的，他们在阅读的过程中给予了积极的反馈，提出了许多非常好的意见和建议。其次，要感谢北京师范大学中外教育比较研究培训中心主任霍力岩教授。霍教授是教育部"科学教育蒙台梭利中国化研究"子课题顾问，是研究蒙台梭利的大专家，她为本书撰写了热情洋溢的序言，这本小书也引用了她的一些重要研究成果。再次，要感谢我的学生、西交利物浦大学未来教育学院的叶海玲老师，她协助我整理书稿，查阅校对了所有引文，整理了主题索引和参考文献等，做了大量具体的工作。海玲的先生邵爱国博士也是我的学生，他们为这本书做出了重要贡献。最后，感谢王陆军先生和商务印书馆的史慧敏老师，他们在编辑出版过程中细致认真的工作态度，给我和海玲都留下了深刻印象。

严格地来说，我不是儿童教育领域的专家，更不是研究蒙台梭利的专家，由于蒙台梭利著作的专业性很强，各种著作的版本也非常之多，译文也是五花八门、莫衷一是，为阅读和研究带来了一定困难。加上自己的本职工作比较繁忙，所有的阅读写作都是利用业余时间进行，没有更多时间认真打磨，导致这本书可能有一些错误之处，敬请读者诸君批评指正。

朱永新
2022 年 6 月 1 日
写于北京滴石斋